KB205968

티네커 메이어의
개혁파 인생교실

세움북스는 기독교 가치관으로 교회와 성도를 건강하게 세우는 바른 책을 만들어 갑니다.

티네커 메이어의
개혁파 인생교실
개혁파 여인의 인생을 통해 개혁주의 성도의 삶을 배우다

초판 1쇄 인쇄 2023년 2월 5일
초판 1쇄 발행 2023년 2월 10일

지은이 | 김정기
펴낸이 | 강인구

펴낸곳 | 세움북스
등   록 | 제2014-000144호
주   소 | 서울시 종로구 대학로 19 한국기독교회관 1010호
전   화 | 02-3144-3500
팩   스 | 02-6008-5712
이메일 | cdgn@daum.net

디자인 | 참디자인

ISBN 979-11-91715-64-4 (03230)

티네커 메이어의
개혁파 인생교실

네덜란드 개혁파 여인의 인생을 통해
개혁주의 성도의 삶을 배우다

김정기 지음

세움북스

교회와 그 역사를 생각할 때, 우리는 자주 아브라함 카이퍼나 헤르만 바빙크 그리고 다른 중요한 신학적 인물들을 교회 및 그 역사와 관련지어 생각합니다. 그러나 교회는 대부분 평범한 교회 성도들로 구성되어 있습니다. 그들이 무엇을 생각하고, 그들에게 교회는 무슨 의미였을까요? 평범한 교회 성도들의 일상적인 삶과 문화를 배우는 것은 쉬운 일이 아닙니다. 그러나 티네커 메이어의 삶을 담은 김정기 작가의 책은 한 교회 성도의 일상생활을 알 수 있는 유니크한 기회를 독자들에게 선사해 줍니다.

네덜란드 개혁 교회(해방파) 성도인 티네커는 교단이 설립되고서 1년 후인 1945년에 태어났습니다. 그녀의 삶은 항상 교단과 긴밀하게 연결되어 있었습니다. 이 책은 '교회의 설교단이나 강단의 시선'이 아닌, '성도들을 위한 예배당 의자의 시선'으로 어느 한 평범한 교회 성도의 삶에 대한 이야기와 네덜란드 개혁파 교단의 역사를 알려 주고 있습니다. 한국의 독자들에게 이 책을 기쁘게 추천하는 바입니다.

조지 하링크(George Harinck) _ 캄펀 위트레흐트 신학대학교 총장, 네덜란드 프로테스탄트 역사학 교수

어느 공동체에서든 여성의 역할은 중요하고 강력합니다. 특별히 가정에서 자녀의 몸과 마음(신앙)을 돌보고 양육하며 교육하는 어머니의 존재는 독보적입니다. 이 책은 네덜란드 개혁파의 전통적인 신앙고백 아래 성경의 권위

와 과거의 유산을 이어받아 자신을 세우고 가정을 일구며 자녀를 양육하는 성도요 교사, 어머니인 티네커 메이어 여사의 어쩌면 탁월한, 어쩌면 지극히 평범한 기록이 담겨 있습니다. 전쟁 중에도 엄격한 개혁파 신앙의 특성을 포기하지 않고, 기독교 사상을 삶의 뿌리에 두고서 삶의 태도와 양식을 조화롭게 실천해 나가는 그녀의 모습에서 선한 도전과 영향을 받습니다.

현대 기독교인의 가정에 대한 인식이 세상과 다르지 않고, 자녀의 신앙 교육조차 소홀한 양상과 대비되는 그녀의 모습을 통해 우리가 세상 지식을 교육하는 만큼의 절반이라도 신앙 교육에 신경을 쓴다면, 오늘날의 교회에서 아이들을 잃고 있어 내뱉는 안타까움의 한숨은 매우 줄어들 것입니다. 가족이 하나 되어 하나님을 만나고 그분과의 관계를 매우 중요하게 여기는 것이 가정의 전통이 되도록 만들어 가는 그녀의 한결같은 소명은, 성도라면 누구도 예외일 수 없습니다.

이 책은 자녀의 영적 성장을 위한 장치로서 성경공부, 교리 교육, 기독교 역사, 경건 독서, 사회 공부 등의 필요성을 말하면서, 가정은 믿음을 공유하는 공동체임을 보여 주고 있습니다. 특별히 남편과 이별 후에 자기 집을 개방하여 시간과 공간을 환대와 봉사의 활동으로 섬기는 모습, 인생 후반기로 갈수록 그녀가 얼마나 공동체 의식을 열망하고 환대의 여인으로 거듭나고 있는지를 보면서 궁극적인 성도의 삶을 확인했습니다. 그녀를 본받아 성도로서 어머니에게 주어진 특권을 선용하는 덕망 있는 여인들이 수두룩해지기를 기도하며 일독을 권합니다.

서자선 _ 광현교회 권사, 《읽기록》 저자

한 사람의 인생을 이야기한다는 것은 쉬운 일이 아닙니다. 그 사람이 유명인이든, 평범한 사람이든, 그 사람에게는 시대적 상황, 국가와 민족적 상황, 지역 사회 및 가정사, 여기에 신앙까지 덧붙인다면, 매우 어려운 작업이라고 할 수 있습니다. 2018년부터 그리 길지 않은 시간에 평범한 네덜란드의 개혁파(해방) 속한 한 사람 티네커 메이어 여사에 대한 이야기는 위 모든 영역을 포괄하는 참 맛깔스러운 내용으로 가득 차 있습니다.

교육자인 저는 티네커 여사가 회고하는 말, "전쟁 끝에, 모두가 가난했던 그때에, 우리가 믿는 바대로 살아가야 한다는 점에 있어서는 그 누구보다도 강한 생각을 가지고 있었단다. 집에서만 성경을 배워서는 안 된다고 생각했어. 학교를 세워서 성경을 아주 잘 가르쳐야 한다고 생각했지. 성경이 졸린 이야기로만 가르쳐져서는 안 된다고 믿었거든." 이 대목에서 눈물이 왈칵 쏟아질 뻔했습니다. '아, 이렇게 성경을 가르치고 예수님을 가르쳤다면, 영국과 네덜란드, 유럽의 교회가 몰락하지 않았을 텐데….'

한국 교회는 어떤가요? 가정과 교회, 기독학교에서 다음 세대(미래 세대)들에게 성경과 예수님을 티네커 여사가 배운 것처럼 가르쳐야 하지 않겠는가 하는 강한 마음이 따라옵니다. '티네커'라는 평범한 여인을 통해 세상을 보게 되고, 역사를 보게 되고, 한국 교회를 보게 됩니다. 짧은 시간 속에서 티네커 여사로부터 네덜란드어를 배우며, 삶을 배우며, 교제를 통해, 한 사람의 인물에 대해 보석과 같은 이야기를 건져 올린 저자의 통찰에 깊은 감사와 격려를 보냅니다. 감사합니다.

신병준 _ 소명학교장, 한국기독교대안학교연맹 이사장

'재밌다. 글을 참 맛깔나게 잘 썼다.' 책을 읽고 처음 든 생각이었습니다. 어떤 대단한 업적을 이룬 것도 아닌 알려지지 않은 어느 한 여인의 인생을 책으로 엮어 낸다는 말을 처음 들었을 때, 솔직히 말하자면 큰 기대를 하지 않았습니다. 그러나 책을 읽어 가면서 나의 편견에 저자에게 미안한 마음이 들었습니다. 신학의 쟁점이나 역사를 다룰 때 보통은 거시적으로 다루어서 별로 재밌지 않을뿐더러 우리네 삶과 멀리 떨어진 문제로 느껴지기

일쑤입니다. 그러나 신학이 현장과 어찌 분리되며 교회가 신자의 삶과 어찌 떨어질 수 있겠습니까? 저자가 말한 대로, 우리에게는 연미복처럼 멋지게만 보이는 네덜란드 개혁 교회의 여러 요소들이 실제 그곳 사람의 인생에는 어떤 옷일까요?

저는 개혁 신앙을 갖고 살아간 한 사람의 인생을 애정을 가지고 아주 가깝게 들여다보는 것만으로도 매우 흥미로웠습니다. 그러나 이 책을 추천하는 가장 큰 이유는 저자가 애정을 갖고 들여다본 티네커 메이어의 인생을 네덜란드 교회의 역사 및 신학적 쟁점과 연결시킨다는 점입니다. 무미건조할 것 같은 신학과 역사가 한 신앙인의 인생을 통해서 다시 읽힙니다. 무엇보다도 저자는 한국인으로서 진솔하게 한국 교회와 네덜란드 교회를 바라봅니다. 우리 한국 장로교회 또는 개혁 교회는 표준 문서와 예배 모범과 권징 조례 등의 문서로 교회를 배웠습니다. 그래서 실패도 많고 다툼도 많습니다. 이 문서들을 지배하는 신앙 원리와 정신이 어떻게 교회 생활과 삶으로 나타나는지 배운 적이 없기 때문입니다. 그래서 이 책은 단순히 네덜란드 개혁 교회 이야기가 아니라 우리 한국 교회를 위한 이야기입니다.

이남규 _ 합동신학대학원대학교, 조직신학 교수

교육자, 이야기하는 사람, 어머니, 아내, 죄인, 그리고 무엇보다도 '은혜를 받은 사람'. 저자가 네덜란드에서 만난 한 할머니의 이야기는 다른 신앙 위인전기 못지않게 대단한 감동과 가르침을 줍니다. 이 책은 이러한 문학적 깊이가 있습니다. 하지만 이 책이 무엇보다 감동적인 것은 한 그리스도인의 인생을 통해 네덜란드 개혁파 교회의 역사를 조망할 수 있다는 것입니다. 그리고 그 가운데서 진리를 추구하고 갈망하던 사람이 어떤 용기를 냈고, 얼마나 훌륭한 삶을 살아냈는지, 그럼에도 불구하고 어떤 실수를 했는지 등을 볼 수 있다는 점입니다.

이는 장로교회 고신 교단에 속해 있고, 역시 네덜란드 개혁파 교회 스승들의 영향을 강하게 받은 제게도 정말 깊은 감동으로 다가왔습니다. 그리고 무엇보다 티네커 씨가 붙들고 기뻐했던 그 '복음'이 시대와 나라를 초월해 같은 감동과 변화를 불러일으킨다는 것을 보며, 내가 받은 복음에 대한 확신이 생기게 되었습니다. 제가 알고 있는 모든 개혁주의 교회를 소개하는 책 중 단연코 가장 감동적이고 가장 뛰어난 책입니다!

이정규 _ 시광교회 목사, 《새가족반》, 《야근하는 당신에게》 저자

이 책은 기대를 가지게 만드는 책입니다. 티네커라는 평범하면서도 비범한 삶을 살아온 한 여인의 이야기 자체가 기대를 가지게 만듭니다. 카이퍼나 스킬더 같은 거장들을 이야기하지만, 그들의 그늘에 가려졌던 보다 실제적인 삶의 이야기를 풀어내고 있습니다. 무거운 인물이나 주제로부터 느껴지는 거리감이 사라지고, 친근한 그러면서도 치열한 삶의 이야기가 전개됩니다. 그래서 한 장 한 장이 기대감을 일으킵니다. 쉽게 읽힙니다. 더 읽고 싶어집니다. 그 속에 풀어 놓은 신학적이고 역사적인 주제들이 현장감 있게 살아납니다.

그리고 진솔한 삶의 이야기를 하나님을 이야기함의 매개로 삼는 이 책은 다음 작품을 기대하게 만듭니다. 나아가서 김정기에 대한 기대, 그의 하나님을 이야기함의 방식에 대한 기대를 가지게 만듭니다. 그의 세대가 펼쳐갈 새로운 교회 운동, 문화 운동에 대한 기대를 가지게 만듭니다. 좋은 기대가 있기에 우리는 웃으며 내일을 맞습니다.

최승락 _ 고려신학대학원 원장, 신약학 교수

목차

프롤로그

| 네덜란드는 한국과 다르다 |

"네덜란드 개혁파 신학은 한국에서 뿌리내리는 일에 실패했다?"

이 말은 네덜란드 개혁파 신학교에서 공부하고 있는 나에게 썩 듣기 좋은 말이 아니다. 하지만 이 말은 부정하기 어려울 정도로 뼈아픈 현실이다. 적지 않은 한국의 신학자들이 네덜란드에서 공부했지만, 한국에서 네덜란드 개혁 교회의 무언가가 교회의 표준처럼 받아들여진 것을 찾기는 어렵다.

한때 개혁주의 열풍이 불었을 때 교리 교육, 가정 예배, 기독교 교육, 시편찬송, 도르트 신조, 하이델베르크 요리문답 등이 적잖은 화제가 되었다. 모두 네덜란드 딱지가 붙은 개혁 교회의 유산이다. 이런 것들이 우리 한국 교회의 표준으로 잘 받아들여졌을까? 아마도 이 말에 고개를 끄덕이는 사람은 별로 없을 것이다. 아무리 내용이 좋아도 일반적인 성도들은 교회에서 이런 것들을 하려고 하면 다소 어색하다고 느낄 것이다.

나는 2013년경 어느 한 교회에서 처음으로 네덜란드표 개혁주의라는 것을 접하게 되었다. 본래 제법 규모가 있었던 (2,500명 정도) 경기도 성남시 분당구에 있는 한 고신 교단 교회에 다니다가, 아버지가 작은 교회를 섬기고 싶어 하셔서 작은 개척 교회로 적(籍)을 옮겼다. 나는 이전 큰 교회에서는 드러머로 봉사하면서 열정을 다해 찬양하기를 좋아했다. 20대에는 선교 단체 활동도 열심히 하면서 기도할 때는 통성으로 부르짖으며 기도하고 사람들과는 긴밀하게 삶을 나누는 신앙생활을 해왔다. 그 작은 교회에 가기 전까지, 나는 가슴 뛰는 신앙생활에 익숙한 사람이었다.

새로 옮긴 작은 교회는 개혁 교회를 표방하는 장로교회여서인지 분위기가 사뭇 달랐다. 담임 목사님께서는 네덜란드에서 오래 공부하신 분이셨다. 그래서인지 예배 시간에는 1500년대에 서부 유럽에서 작사·작곡된 '시편찬송가'를 불렀다. 예배 시간을 가슴보다는 머리로 버텨야만 했다. 게다가 오후 예배는 완전히 '교리 공부'였다. 정말 미안한 말이지만 재미가 하나도 없었다. 박식하신 아버지는 연신 노트에 만년필로 한자와 한글로 배운 바를 적으셨지만, 나는 종종 정신을 잃었다. 이따금 정신을 차려 보면 아버지께서 볼펜으로 내 허벅지를 꾹꾹 찌르시며 헛기침을 하곤 하셨다.

그 교회가 설립할 때부터 몇 년 동안 다니면서, 나는 네덜란드의 개혁주의가 한국과는 너무 동떨어져 있다고 느꼈다. 그래도 네덜란드가 17세기에 〈하이델베르크 요리문답〉이라는 대단하다고 정평이 나 있는 공식 문서를 쓴 나라이니, 적어도 기독교 역사가 상당히 깊은 나라라는 것은 알게 되었다. 그럼에도 불구하고 네덜란드표 개혁주의의 내용만큼은 상당히 인상 깊었다. 목사님과 그 가족들에게서 들은 네덜란드의 생활도 참 이상적으로 느껴졌다. 교회에서도 교리 교육을 철저하게 하고, 각 가정에서도 아이들에게 열심히 신앙 교육을 시키며, 심지어 교회 성도들이 나서서 기독교 학교도 운영한다고 들었다. 하지만 한국 교회가 네덜란드 개혁주의를 받아들이기에는 무언가 정서적인 연결 고리가 부족하다고 생각했다.

| 네덜란드와는 다른 한국의 독특한 교회 문화 |

네덜란드 교회의 분위기와 한국 교회의 분위기는 사뭇 다르다. 아마도 이런 차이는 민족성의 차이에서 비롯된 것일 수도 있다. 한국은 적어도 '소울(soul)'이 살아 있는 민족이다. 된장찌개가 가정의 식탁에서 거의 빠지지 않듯이 인생을 살면서 느끼는 분노와 웃음, 슬픔과 감동이 섞어찌개와 같이 우리 핏속에 스며 있다. 그래서 한국의 전통문화인 풍물, 탈춤, 장바닥의 각설이 놀음, 민요 등에서 이러한 감정들이 진하게 묻어나온다.

네덜란드인들은 웃음 이외의 직접적인 감정 표현을 잘 하지 않는다. 유튜브에 'Nederland zingt'라는 단어를 검색해 보면, 네덜란드인들이 가장 보편적으로 부르는 찬송들을 들어 볼 수 있다. 청중들이 찬양하는 표정과 몸짓을 보면 우리와 상당히 다르다. 대부분 몸을 약간만 움직이고 다소 굳은 표정으로 가만히 서서 찬송을 부른다.

그런데 한국 교회의 예배 시간에는, 일평생 고신 교단에 몸담으신 55년생 우리 아버지 김연출 장로님의 초등학교 시절부터 눈물 콧물을 흘리는 통성 기도와 떠나갈 듯 박수하며 찬양하는 문화가 있어 왔다. 현대 교회의 드럼 소리 저리 가라 할 정도의 박수 소리, 전자 기타를 능가하는 아멘 소리, 구수한 입담이 살아 있는 목사님의 재미있는 성경 이야기와 간증이 어우러진 예배는 우리네 교회의 익숙한 풍경이었다. 교회가 독재자와의 싸움에 얼마나 참여했는지 알 길은 없지만, 하나님의 이름을 소리 높여 불러 찬양하고 기도하는 것을 통해 가난하고 어려운 시간을 극복해 나갔다. 이런 문화는 현대 찬양 문화로 이어졌다.

현대 세계 각국에서 만들어진 찬양은 한국에서도 아주 뜨거운 찬양의 모습들로 발전했다. 미국에서 만들어진 것 현대 찬양곡을 부를 때면 우리는 손을 들고 눈을 질끈 감고서 감정을 충만하게 실어 부른다. 하지만 네덜란드 사람들은 찬송을 부를 때 그저 서서 담담하게 부른다. 86년생인 나도 두 손을 높이 들고서 빵빵한 밴드 사운드와 함께 부른 〈부흥 2000〉 같은 찬양곡이 없었다면, 소위 '입시 지옥'을 통과할 때 너무나도 힘들었을 것이다. "이 땅의 황무함을 보소서 하늘의 하나님 긍휼을 베푸시는 주여 ♪" 지금도 가슴이 뛴다.

아무리 보수적인 교회라도 한국 교회의 예배 풍경은 대개 간절하고 뜨겁고 재미있고 열정적이다. 역사 속에 사는 수많은 사람이 문화를 만들어 내었고, 이 문화는 우리 한국 교회의 공통적인 문화로 자리 잡았다. 한국인들에게 사랑받는 찬양은 누군가가 정한 것이 아니다. 그런 찬양은 누적된 시대가 빚어 낸 문화 속에서 택함받은 것이다. 또한 설교자들도 감정을 잘 녹여 내어 성도들의 마음을 울리면 많은 성도들에게 환영을 받았다. 그러니 네덜란드에서 목사의 부재로 행해지는 '설교문 대독'을 용납할 만한 한국 교회 성도들은 그리 많지 않을 것이다. 내용은 같지만 소위 설교자의 '소울'이 느껴지지 않기 때문이다.

목사를 양성하는 신학 대학원에서 목회의 현장에 들어가는 목회자 후보생들에게 단단히 긴장하라고 하는 이유도 여기에 있다. 성도들에게 아무리 똑똑한 사람이 이야기를 건넨다고 할지라도, 성도들은 이를 쉽게 받아들이지 않는다. 성도들이 무식해서도 아니고 악해서도 아니다. 성도들은 머리뿐만 아니라 가슴이 뜨거워지기를 바라기 때문이다. 나의 영혼을 소생케 하는, 감동이 있는 살아 계신 하나님의 말씀을 들었다고 생각할 때 한 주를 살아갈 힘을 얻는다. 우리에게는 예로부터 감정을 충분히 표현하는 문화가 있어 왔고, 그런 문화적 토양 속에 '한국 교회'라는 열매가 맺혔다.

한국의 개혁파 신앙고백을 하는 장로교회 성도들은 네덜란드와 같이 교리를 크게 중요하게 생각하지 않는다. 특정 교리 때문에 그 교회에 남아 있을지 말지를 고민하지 않는다. 교회의 분열을 야기할 만큼의 중요한 교리적 논쟁이 그리 익숙하지도 않다. 교리의 선택으로 교회를 빚어 간 네덜란드 개혁파와는 달리, 그간 우리 한국 교회는 신사참배 과거 정리에 대한 입장 여부, 타 교단과의 교회 합동 여부 등이 개혁주의 신앙고백을 표방하는 장로교회들의 교회 성격을 결정했다. 우리는 주로 정치적인 이유로 교회가 형성되었고, 교리는 우리 한국 교회 성도들에게 그다지 민감한 주제가 아니었다.

네덜란드 개혁파 성도들에게 교리란 곧 자신의 신앙 노선의 선택이었다. 항상 교리로 인해 문제가 발생했고, 기존의 교리를 따를 것인지 새로 제안된 교리를 받아들일 것인지를 선택해야만 했다. 이 과정이 결코 유쾌하지는 않았지만, 교회가 고백하는 교리는 이런 식으로 수백 년 동안 선택과 외면의 과정을 거쳐 성도들의 신앙의 내용을 결정하는 아주 중요한 일이 되었고, 그 일은 아직까지도 계속되어 가고 있다.

이런 배경 속에서 네덜란드 개혁파 교회의 '교리 중심의 삶'을 들고 한국에 들어온 여러 신학자들의 이야기는 소위 '평신도'들의 많은 공명을 불러오지는 못했다. 교회는 주로 우리 교회가 정치적으로 혹은 교단적으로 어떤 집단과 함께할 수 있는지, 어떤 집단과 선을 그어야 하는지에 대한 질문에 적극적인 움직임을 보여 왔다. 하지만 교회가 가야 할 새로운 방향 선택을 위한 '교리 수정 작업'은 성도들에게 있어 크게 관심받는 작업이 아니었다.

한국에서 중요한 신앙생활에서의 적극적인 감정 표현, 교리를 그다지 중요하게 생각하지 않는 현실로 인해, 우리에게는 네덜란드산 개혁파가 조금은 낯선 어떤 것이었다. 기존 우리의 신앙생활이 우리가 입어왔던 '감정이 잔뜩 묻은 작업복'이라면, 네덜란드 개혁파는 멋있다고 들어왔지만 입어 보면 '뭔가 어색한 연미복' 같다고 비유해 볼 수 있을 것이다. 이런 옷은 조심히 입어야 한다. 대게는 '이모님'들이 입는 방법을 하나하나 알려 주시기 때문에, 이 옷을 입을 때 잠깐만 주의를 기울이면 된다. 이 옷은 내 인생의 역사와는 크게 상관이 없고 의무적으로 입어야 할 때를 위한 옷이기 때문이다. 사실 네덜란드식 개혁주의라는 이 옷은 우리에게 다소 불편하다. 옷감이 좋고 중요하며 멋이 있는 것은 아무도 부정할 수 없다. 그러나 이 옷을 작업복으로 입고 다니는 사람은 축구장에 턱시도나 웨딩드레스를 입고 응원하러 가는 사람과 같이, 멋은 있지만 약간은 별난 사람과 같이 느껴진다.

내가 느끼고 경험한 한국의 소위 '네덜란드 개혁주의자'들에 대한 인상이 이와 같다. 네덜란드 개혁파 느낌의 교회에 출석하는 사람들은 이 '작업복'이 주는 퀴퀴한 기름내에 질려, 이제 좀 산뜻한 턱시도를 입고 고상하게 한번 삶을 살아 보고자 하는 사람들이 아닌가 싶기도 하다. 이런 교회의 숫자는 그리 많지 않고, 교회 성도들의 수도 많지 않다. 우리 성도들의 마음에 네덜란드식 개혁주의가 그리 공명을 해주지 못하고 있음을 반증하는 것이다. 이런 것에 공감하는 우리 교단의 몇 교회들은 '청바지를 입은 개혁주의' 혹은 '한국형 개혁주의'라는 의미 있는 슬로건(slogan)을 내걸고 있기도 하다. 그러나 과연 '네덜란드'의 상표가 붙은 개혁주의가 다만 감정이 없고, 지적으로 접근하기만 한 그런 신앙의 방식일까?

| 네덜란드 해방파의 간략한 역사 |

우리는 대개 기독교의 역사를 보통 신학의 역사와 연관 지어 이해하려 한다. 또 윗물이 맑아야 아랫물이 맑듯, 많은 이들은 역사의 발전과

지도자의 역할을 연관 짓기도 한다. 네덜란드 개혁파의 역사도 그렇게 보려면 볼 수야 있겠지만, 나는 다른 재미있는 지점을 발견했다.

네덜란드의 개혁파 역사는 종교개혁이 있었던 16세기부터 짚어 볼 만하다. 스위스의 장 칼뱅(Jean Calvin, 1509-1564), 독일의 마르틴 루터 (Martin Luther, 1483-1546), 체코의 얀 후스(Jan Hus, 1372?-1415) 등이 주도하는 종교개혁이 한창이던 때,* 네덜란드는 가톨릭을 신봉했던 스페인 지배하에 있었고 스페인은 개신교도들을 탄압했다.

네덜란드라는 나라를 처음 세운 빌럼 오라녀(Willem Oranje)는 개혁파 난민들과 개혁파를 지지하던 네덜란드 북부 홀란드 지역의 시민들과 함께 힘을 합쳐 종교적 자유를 위한 싸움을 시작했다. 당시 네덜란드는 정규군이라는 개념이 없었다. 전쟁이 나면 8개의 자치 지역의 시민들이 군사를 일으켜 전쟁에 참여했다.

전쟁에 승리하기 위해 강한 지도력을 갖춘 군주가 필요했다. 하지만 네덜란드는 연방 국가와 같은 형태를 띄고 있었고 시민들이 국가 경영의 주체가 되었기 때문에, 대규모 군사 작전을 시행하기가 어려웠다. 이런 난관 속에서 네덜란드는 무려 80년간 스페인과 전쟁을 벌였다. 이때 네덜란드를 도와준 한 무리의 외국인들이 있었으니, 네덜란드어 발음으로 '항전(Ganzen)'이라고 하는 '개혁파 사람들'이었다. 항전은 네덜란드어로 '거위'이고, 이 말은 '소수의 저항자'를 뜻한다.

이 사람들은 칼뱅주의자들로서 네덜란드 개혁파와 스페인이 80년

---

* 사실 이들은 종교개혁의 위대한 사람들이었지만, 과연 이들이 종교개혁을 주도했는지 아니면 이들은 불씨만 던져 주었는지는 조금 더 생각할 필요가 있다. 어떤 개혁이라도 성도들의 적극적인 지지와 참여가 없이는 성공할 수가 없다.

전쟁을 할 때 자신들이 점유하고 있던 프랑스의 항구를 잃어버렸다. 하는 수 없이 배에 몸을 담아 네덜란드를 향해 항해를 시작했다. 그래서 이들의 별명은 '바다 거지들(Watergeuzen)'이다. 그런데 재미있는 것은 이런 바다 거지들이 로테르담(Rotterdam) 근처에 있는 스페인의 병참 요새 브릴러(Briller)를 함락해 버렸다는 점이다. 변변찮아 보이는 소수의 저항자들이 탄 배가 무너지지 않을 것 같은 중요한 요새 하나를 함락해 버린 것이다. 네덜란드 사람들 입장에서 이 싸움은 오로지 '하나님의 도우심'이 함께한 평범한 개혁파 신도들의 위대한 승리였다.

이후 약 200여 년간 개혁파는 네덜란드에서 전성시대를 누렸다. 물론 교회 내 성상 파괴와 같은 다소 극단적이고 보기 좋지 않은 일도 있었지만,* 네덜란드의 그리 길지 않은 역사에서 유일하게 개혁파 신도들이 나름대로 '살맛 나게' 살았던 시기였다.

16, 17세기의 전성기를 뒤로하고 18세기 후반으로 접어들면서 프랑스 혁명의 어두운 그림자가 네덜란드 개혁파 교회를 덮기 시작했다. 프랑스의 왕 나폴레옹 보나파르트(Napoléon Bonaparte, 1771-1821)는 정교 분리 된 세속 국가를 프랑스에 실현했다. 그의 사촌인 루이 나폴레옹 (Louis Napoléon Bonaparte, 1778-1846)도 네덜란드인들과 협력하여 교회를 정부와 분리하고자 했다. 이들은 인류애를 반영하는 기독교적 가치가 사회에 반영되는 것에는 긍정적이었지만, 기독교의 특정한 교리가 공적 영역에서 발현되는 것에 대해서는 강경하게 반대했다.

---

* 실제 위트레흐트 돔케르크(돔 교회)에는 성상 파괴의 흔적을 전시해 두고 있다. 결코 아름다운 모습은 아니다.

프랑스 혁명에는 '레미제라블(Les Misérables)'이라고 불리는 낮은 자들의 용감한 '투쟁'과 서로 돕는 '우애'가 있었다. 그러나 이 살아 있는 평범한 서민들의 투쟁에는 '하나님을 부정하는 사상'이 숨어 있었다. 인간의 비참함과 불의에 대한 분노는 있었지만, 정치 영역에서 하나님의 이름은 설 곳이 없었다. 분노는 정도를 넘어섰고, 하나님 없이 분노와 격한 감정에 동기를 받아 움직이는 군중들은 수많은 사람들을 단두대에서 죽였다. 사람들은 열광적으로 변해 갔고, '전체주의'적 국가 통제는 이런 혁명의 분위기에서 싹이 텄다.

　나폴레옹의 정복 전쟁으로 프랑스의 지배를 받게 된 네덜란드인들도 이제 '기독교 국가'의 멍에를 벗고자 했다. 이렇게 하나님 없는 정치를 하고자 한 자들의 무리를 '자유파(Liberaal)'라 불렀고, 자유파는 제한된 숫자의 시민들이 선출한 '엘리트들이 지배하는 국가'를 세우고자 했다. 반면에 신앙의 원리를 삶의 전 영역에서 실천하고자 하는 소위 '정통 개혁파 성도'들은 이러한 프랑스 혁명의 영향에 극렬하게 반대했다. 혁명에 영향을 크게 받은 자유주의자 토르베커(Thorbecke, 1798-1872)는 네덜란드 국왕의 의뢰를 통해 1848년 헌법 개정에 나선다. 그리고 국가에서 '교회 물'을 빼기 위해 교육 정책에 손을 댔다.

　프랑스 혁명 이전에 네덜란드의 교육 주체는 교회나 성당이었다. 이때의 교육은 근대적인 교육의 형식을 갖추지는 못했지만, 신앙고백에 기반한 교육이었다. 쉽게 이야기하자면, 학교에서 교육은 조금 허접하더라도 교리, 찬송, 성경을 가르쳤다는 것이다. 그러나 이러한 교육은 한 사람을 국가의 시민으로 기르는 데에는 한계가 있다는 단점이 있었다. 또한 정부에서 전면적으로 실시한 보편 교육이 아니다 보니 교육에서 소외된 사람들이 많았다. 프랑스 혁명과 더불어 시작된 산업 혁명은 급격한 이촌향도(離村向都)를 불러왔다. 사람들은 농촌을 떠나 도시로 올라왔다. 암스테르담이나 로테르담 등 대도시 노동자들은 박봉에 고된 노동으로 아이들에 대한 교육을 신경 쓰지 못했다. 초등 교육을 마치기도 어려운 상황이었다.

이런 배경 속에서 자유주의자였던 토르베커는 민주주의를 도입하기 위해 '국가 교육'이라는 개념을 본격적으로 도입했다.[*] 토르베커는 국가 교육에서 기독교의 신앙고백 등 특수한 것들을 가르치는 것을 금하자고 주장했다. 이에 맞서 왕의 조언자로 활동하던 네덜란드 개혁파 지도자 흐룬 판 프린스테러르(Groen Van Prinsterer, 1801-1870)는 기독교가 빠진 세속 보편 교육을 적극적으로 반대하면서 칼뱅주의 진영의 선봉장이 되었다. 토르베커는 보편적인 기독교 도덕을 교육 이념으로 삼고자 했지만, 강경한 칼뱅주의자들은 이런 시도가 도리어 칼뱅주의적 정통성을 흐리는 온당치 못한 정책이라고 비판했다.

흐룬은 엘리트였지만 대중의 힘을 사용할 줄 모르는 사람이었다. 그의 외로운 투쟁이 이어졌고 마침내 '커다란 브람'[**]이라고 불리는 신칼뱅주의의 창시자 아브라함 카이퍼(Abraham Kuyper, 1837-1920)가 1864-

---

[*] 국가 교육의 헌법적 기반은 1800년대 초반 보나파르트 나폴레옹의 사촌인 루이 나폴레옹에 의해 마련됐다. 이 시기는 네덜란드가 잠시 스페인의 점령을 받았던 시기로서, 네덜란드 독립 이후에는 토르베커가 자유주의 국가의 초석을 놓는 일을 많이 했다.

[**] '커다란 브람'이라는 말의 뉘앙스는 '친근하지만 대단한 친구' 정도로 표현될 수 있다. 네덜란드 사람들은 본인의 이름을 짧게 줄이면서 친근감 있게 부르는 것을 좋아한다. 이와 같이 아브라함을 '브람'이라고 짧게 사용하여 그를 더 친근하게 부른다.

1867년 흐룬과 편지를 주고받으며 흐룬의 못 다한 과업을 이루기 위해 정치 무대로 뛰어들었다. 아브라함 카이퍼는 네덜란드의 기독교 학교가 일반 공립 학교와 차별받지 않도록 교육 제도를 개선한 기독교 교육 개혁가였다.

카이퍼는 첫 사역지에서 아주 가난하지만 18세기 정통 칼뱅주의 사상으로 무장된 피에트로넬라 발투스(Pietronella Baltus, 1830-1914)라는 여인을 만났고,* 이때 칼뱅주의자로 전격적인 전향을 하게 된다. 카이퍼는 당시 프랑스 혁명에 영향을 받은 자유주의 신학에 깊이 매료되어 있었다. 그런데 발투스는 카이퍼를 앉혀 두고 개혁파 기본 교리에 대해 일장 교육을 실시했다. 카이퍼의 회심에는 여러 계기들이 있었지만, 정통 칼뱅주의자로의 회심은 발투스로부터 시작되었다.

이런 카이퍼는 네덜란드 기독교 교육을 국가 공교육과 동일한 선상에 올려놓기 위해 자신의 인생을 바쳤다. 카이퍼의 모든 정치적 노력의 근본적인 동기는 이러한 교육 투쟁에 있었다. 카이퍼의 교육 투쟁은 특별하게 초등 교육에 초점이 맞춰져 있었다. 카이퍼가 발행한 신문, 카이퍼가 정치에 입문한 계기, 카이퍼가 성도들을 정치에 끌어들이게 된 활동 등의 근본적인 목적은 바로 이 교육 투쟁에서 승리하는 것이었다.

카이퍼는 자신이 편집장으로 있었던 일간지 〈더 스탄다르트지〉 발행호의 1/3 분량을 할애해 앞서 언급한 스페인 요새를 함락한 바다 거지들에 대한 이야기를 소개했다. 그리고 이 사람들이 정통 네덜란드 칼

---

* 이 여인은 주로 '피에쳐 발투스'라고 불렸다. 나는 이 여인에 대한 존경심을 담아 공식 이름을 부른다.

뱅주의의 시조라는 점을 강하게 강조했다. 지배자 엘리트들이 아닌 이방인이면서 소수자였던 용감한 싸움꾼들인 바다 거지들을 그들의 시조로 삼은 것이다. 카이퍼는 칼뱅과 루터 그리고 베자 등 종교개혁자들을 모델로 삼지 않았다. 그들은 종교개혁의 사상을 제공해 주었지만, 바다 거지들은 그 사상을 위해 거대한 제국에 맞서 목숨을 걸고 싸워 이긴 사람들이었다. 카이퍼의 개혁주의는 머리로 하는 개혁주의가 아닌 몸과 머리가 함께 가는 개혁주의였다.

카이퍼는 정치 이외에도 정통 개혁파 신앙을 지키기 위해 고군분투하며 '돌레앙시(Doleantie)'라고 불리는 교회 분열의 선봉장이 되기도 했다. 당시 1870-80년대 당시까지만 해도 새로운 당회원은 당회에서만 결정되었다. 카이퍼는 당시 자신이 속했던 암스테르담 개혁 교회의 당회 문을 열쇠공을 불러 뜯는 퍼포먼스를 하며, 당회원은 투표권이 있는 성도들의 투표로 선출되어야 한다고 주장했다.

이런 카이퍼는 교단 총회의 눈 밖에 나게 되었고, 카이퍼의 항의가 담긴 모든 공식적인 서한은 네덜란드 개혁 교회(Nederland Hervormd Kerken)의 총회에서 철저하게 무시되었다. 그 교회에서 버틸 수 없었던 카이퍼는 애통함을 표하며 뜻을 같이하는 250여 명의 목사들과 함께 교단을 나와 새로운 교단을 만들게 된다. 카이퍼는 총회의 교권에서 자유로운 양심의 표현이 가능한 교회가 필요하다고 믿었다. 이 교회는 인구의 10퍼센트도 되지 않는 소수 집단이었다. 그러나 이 집단은 '기독교 세계관'으로 똘똘 뭉쳤다. 카이퍼가 이야기하는 기독교 세계관이란, 의식적으로 사회 내에서 자신의 위치를 정하고 행동의 원칙대로 조직을 꾸려 행동하고자 하는 일련의 삶의 관점을 채택하는 것이라고 간략하게 이해할 수 있다. 이 사람들은 개혁파의 원리대로 철저하게 삶을 살았고, 이런 카이퍼의 교회는 카이퍼가 서거한 1920년 이후에도 유지되었다.

티네커 메이어 여사의 교회의 뿌리도 이 카이퍼의 교회와 닿아 있다. 1944년 네덜란드 캄펀(Kampen)의 위대한 신학자라고 불리는 클라스 스킬더(Klass Schilder, 1890-1952)는 아브라함 카이퍼의 일반은총 교리를 부정하며 카이퍼와 마찬가지로 교단에 공개 항의 서한을 보냈으나 이 서한이 무시되고 만다. 네덜란드가 독일에 점령되었던 마지막 해인 1944년, 스킬더를 추종하던 세력들은 교단을 나와 해방파(Gereformeerde Kerken Vrijgemaakt) 교단을 설립하게 된다. 이들은 세계 제2차 세계 대전에서 바다 거지들과 비슷하게 독재를 꿈꾸는 독일 나치에 저항하는 지하 군사 운동을 펼쳤다. 나치에 저항하는데 가장 앞장섰던 그룹은 개혁파와 사회주의자들이었다 이들은 유대인들을 숨기는 일에도 선뜻 손을 내밀었다.

티네커 메이어 여사는 이 교단이 설립되던 해에 탄생해 부모님을 따라 해방파 교회 성도로 살아갔다. 티네커 메이어의 아버지를 포함한 해방파 및 카이퍼가 설립한 교단의 성도들은 바다 거지들과 같이 적극적으로 나치와의 항전에 임했다. 티네커 메이어가 거주했던 흐로닝언 지방의 한 목사는 예배당에 무기를 숨겨 둔 것이 발각되어 총살을 당하기도 했다.

이들은 유대인들을 숨겨 주고서 이들을 위해 식료품 장을 봐주기도 했다. 남을 죽여야 한다는 딜레마가 있었지만, 싸우지 않고는 나라를 지킬 방법이 없었기에 기꺼이 싸움을 택했다. 이렇게 해방파 성도들은 담대함과 용맹함이 있었다. 소수자로서 사회에서 무시받는 일도 부지기수였다. 하지만 같은 세계관과 신앙고백으로 똘똘 뭉쳤기에 두려울 것이 없었다.

| 네덜란드, 기독교 국가? |

한국 사람들에게 네덜란드에서 아브라함 카이퍼를 공부한다고 이야기하면, 많은 사람들은 내게 "그걸 왜 공부해요?"라고 물어보았다. 그러면 공부가 짧았던 나는 단순하게도 "카이퍼와 같이 기독교적인 사상으로 사회를 만들어 가보고 싶습니다."라고 답하곤 했다. 나를 후원해 주시는 한국의 한 연구소의 교수님께서 의미심장한 말씀을 던지셨다.

"네덜란드는 원래 기독교 국가였으니 한국과는 상황이 많이 다르지 않나요?"

맞는 말이었다. 네덜란드는 이미 16세기부터 프랑스에서 피신한 개혁파 신도들이 자리를 잡기 시작했다. 황금기라고 불리는 17세기에는 개혁주의 신학이 꽃 피었고, 19세기에는 아브라함 카이퍼, 헤르만 바빙크와 같은 굴지의 신학자들이 태어나 활동했으며, 20세기에도 클라스 스킬더, 헤르만 도예베르트(Herman Dooyeweerd, 1894-1977) 등 네덜란드 개혁파의 영향력을 전 세계로 확장시킨 사람들이 살고 있었다.

얼핏 보기에는 네덜란드가 계속해서 개혁파의 전통을 보여 주었다고 생각할 수 있다. 그러나 네덜란드의 상황을 조금만 면밀하게 살펴보면 이야기가 달라진다. 네덜란드가 개혁파 국가로 시작하긴 했지만 개혁파의 영향력이 강했던 시기는 전체 역사에 비해 몹시도 짧다. 프랑스 나폴레옹의 사촌인 루이 나폴레옹은 네덜란드를 1798년부터 지배했다. 루이는 혁명의 사상을 네덜란드에 내리는 데 큰 공을 세웠다. 루이가 물러간 이후에 지금까지 기독교 세력은 항상 '소수 집단' 속에 속했다. 반면 프랑스 혁명에 영향을 받은 자유주의자들은 지금까지 네덜란드 사회에 가장 큰 영향을 주고 있다.

1800년도 초반부터 활동한 자유주의 정치가 토르베커는 네덜란드를 자유주의 국가로 만들기 위해 학교에서 특정 교단의 가르침으로 가르치기 힘들도록 교육법을 발전시켰고, 교회들은 이를 당해 낼 힘이 없었다. 이를 위해 힘없는 네덜란드 개혁파 교회는 무려 60년 동안이나 교육법을 바꾸기 위해서 투쟁했다. 이러한 60년의 긴 투쟁 끝에 네덜란드에서는 누구나 자신의 신앙적 양심에 따라 교육을 받을 수 있는 토대가 마련되었다. 이런 토대는 그냥 마련된 것이 아니었다.

기독교 학교 학생들은 소득에 따라 학비 보조를 받았다. 부모의 정체성에 따라 학교를 세우는 데 완전한 자유도 부여받았다. 그리고 정부는 부모의 선택에 대한 재정적 책임을 졌다. 정부는 학교를 지어 주고, 기독교 학교 교사의 월급을 주었다. 그러나 이런 일은 아주 굴욕적인 정치적 협상을 통해 이뤄졌다. 카이퍼는 자신이 그토록 반대하던 자유주의자들의 주장인 '보통 선거법'을 새로운 교육법과 함께 통과시켰다.

언론들은 카이퍼를 크게 조롱했다.

　네덜란드가 참된 개혁파 국가였다면, 이런 지난한 싸움이 필요가 없었을 것이다. 19세기 이후 교회는 한시도 절대적인 힘을 가지고서 네덜란드 사회를 주물러 본 역사가 없다. 네덜란드를 '기독교 국가'라고 말하는 것은 마치 고구려가 요동반도를 호령한 역사가 있다고 해서 지금 대한민국이 요동반도를 호령하는 국가라고 말하는 것과 같다.

　어쩌면 우리나라의 상황이 네덜란드보다는 더 나아 보인다. 우리나라의 헌법은 자유주의자가 아닌 감리교 장로였던 이승만 정부에서 작성되었다. 1992년 문민정부가 들어선 이후 6명의 대통령 중 장로교 장로 대통령이 2명, 가톨릭 신도 대통령이 3명이었다. 기독교와 전혀 관계없는 대통령은 한 번밖에 없었다. 정치권에서는 한국 개신교가 주는 막강한 영향력을 항상 두려워했다. 문재인 대통령이 집권한 이후 가장 먼저 특사를 보낸 곳이 바티칸이다.

　네덜란드의 현 총리인 마르크 뤼터(Mark Rutte, 1967~)는 감리교도이다. 그러나 그가 속한 정당은 대표적인 자유주의 정당이라 할 수 있다. 기독교 정당은 소위 '바이블 벨트'라고 불리는 개혁파 성도들의 밀집 거주 지역을 제외하면 그 영향의 냄새를 맡기도 어렵다. 네덜란드인들에게 개혁파 성도들에 대한 이미지를 물어보면 '주일에는 세차도 하지 않는 독특한 사람들', '먹고 노는 데는 관심이 없는 시니컬(cynical)한 사람들' 정도로 의견이 모인다.

　이런 질문을 안은 채, 나는 네덜란드행 비행기에 몸을 실었다. 캄펀 신학대학교에 '간문화간 개혁주의 석사' 과정에 지원하여 합격했기 때문이다. 다니던 신학교를 중퇴하고 한 번도 가보지 않은 나라에 가게 되었다. 공부는 아주 힘들었다. 1년 안에 석사 논문을 성공적으로 쓰지 못하면 예정했던 박사 과정을 밟을 수가 없었다.

　2018년 8월 말 네덜란드에 입국했다. 교단의 선배들은 따뜻하게 나를 맞아 주었다. 돌아가며 식사를 대접해 주었고, 축구 등 운동을 하며 친목을 다지기도 했다. 이후 얼마 되지 않아 네덜란드 해방파 교단 교회(Gereformeerde Kerken Vrijgemaakt)에서 한 할머니를 소개받았다. 당시 네덜란드에서 먼저 박사 과정을 밟고 계신 한 목사님께서 네덜란드어 선생님을 소개해 주겠다는 것이었다.

　이 할머니는 이 책에서 찬찬히 소개할 티네커 메이어 드 부르(Tineke Meijer De Boer)였다. 오해를 방지하기 위해 서술하자면, 네덜란드는 상호 존칭을 잘 사용하지 않는다. 티네커 메이어 할머니는 나와 나이가 42세나 차이가 나지만, 내가 이름을 부르는 것을 아주 자연스럽게 생각하신다. 나의 지도 교수도 나와 나이 차이가 30세 가까이 나지만, 우리는 서로 이름을 부른다. 네덜란드의 문화를 존중하는 차원에서 티네커 메이어 할머니를 '티네커'로 부르니 부디 오해하지 않기를 부탁드린다.

　티네커는 키가 175cm 정도 되고, 여리여리한 체형을 가지고 있다. 1944년생인 그녀의 눈빛은 어떤 젊은이보다 더 살아 있었다. 캄펀의 최고참 고신 선배가 소개한 이 티네커와의 수업을 해보기로 했다. 이유는 모르겠지만, 한국에서 갓 입국한 상황이니 고참 말이라면 무조건 들어야 한다고 생각했다. 코로나 바이러스 감염증이 전 세계를 휩쓸기 전인 2018년, 나는 주 1회 티네커 집에 가서 네덜란드어 수업을 받게 되었다.

티네커의 집은 하템(Hattem)이라는 작은 지역에 있었다. 집은 아담하고 잘 가꾸어진 3층 단독 주택이었다. 집은 숲과 인접해 있고, 작은 길을 하나 건너 큰 옥수수밭과 마주해 있었다. 첫 수업을 위해 그 집에 들어갔다.

티네커의 집에 걸려 있는 남편 빌럼이 그린 히틀러 그림, 1959년 作.

현관문을 열고 들어가자 인상 깊은 그림이 한 장 있었다. 사자의 머리가 히틀러로 바뀌어 있는 섬뜩한 그림이었다. 나는 티네커가 혹시 나치를 추종하는 인종차별주의자는 아닐까 하는 걱정이 들었다. 괜히 추후에 티네커로 인해 곤욕을 겪지는 않을까 염려가 되기도 했다.

언어 교육은 시작되었다. 무척이나 힘들었다. 영어도 잘 못해 버벅거리고 있는데, 네덜란드어까지 선뜻 배우겠다고 했던 나 자신이 원망스러웠다. 게다가 티네커는 다소 엄격했다. 매주 어린이 성경을 한 장 읽고 외워 요약하라고 했다. 문법도 당최 머리에 들어오지 않았다. 그래도 수업을 계속했다. 수업을 한번 하고 나면 소위 '기가 빨리는' 경험을 하곤 했다.

티네커 메이어 여사. 2018년 12월.

어느덧 티네커로부터 수업을 받은 지 4년이 되어 간다. 시간이 많이 흘렀다. 첫 수업을 할 때는 의사 소통 자체가 어려웠는데, 이제는 농담을 주고받을 정도로 말도 많이 늘고 티네커와도 꽤 친해졌다. 네덜란드 사람들은 인간관계에 대한 '뻥튀기'를 싫어하는데, 티네커는 내게 '베스트 프렌드'라는 호칭을 붙여 주었다. 티네커와 나는 마음에 있는 것을 서로 나눌 수 있는 친구가 되었다.

관계가 쌓이니 묻고 싶은 어떤 것이라도 물을 수가 있었다. 내가 알고 있던, 네덜란드 개혁파라고 소개된 개혁파 성도의 신앙생활이 진짜들은 대로인지 궁금했다. 한국에서 입어 본 그 불편한 턱시도를 네덜란드 사람들은 어떻게 입고 있는지 알고 싶었다. 그래서 묻고, 또 묻고, 또 물었다.

제1부

티네커의
어린 시절

1. 초라했던 개혁파 교회, 고난과 배고픔의 유년기

티네커가 태어난 1945년 어간은 20세기 들어 네덜란드 개혁파 신도들이 가장 어려움을 겪었을 때였다. 네덜란드 사람들은 나라를 빼앗겼고, 나라를 빼앗은 이들은 '나치'였다. 독일 나치는 1940년 10월 중립국을 선언했던 네덜란드를 침공했다. 나치는 유대인들을 수용소로 보내 학살하는 등의 악행을 저질렀다. 네덜란드의 가톨릭교회는 네덜란

티네커가 태어나기 두 달 전인 1945년 4월의 흐로닝언 시장

드 나치 당원을 교회 성도로 받지 않았다. 하지만 이와는 다르게 네덜란드 개혁 교회는 일부 교단만 공식적으로 네덜란드 나치당에 공개적으로 반대했다. 그 교단이 바로 티네커의 부모가 속한 개혁파 교회였다.

전쟁은 사람들을 비참하게 했다. 하지만 생기가 있는 사람들은 죽음의 물결 속에서도 결혼을 하고 또 다른 생명을 잉태했다. 티네커는 죽음의 전쟁 통에서 태어났다. 사탄은 죽음과 관계의 분열을 가져왔지만, 생명의 하나님은 새로운 가정을 만들어 지키시고 새로운 생명을 주시며 강하게 역사하고 계셨다.

흐로닝언(Groningen)에 살고 계시던 티네커의 부모님은 1941년 전쟁 통에 결혼하셨다. 티네커의 어머니는 1920년에 태어나셨다. 당시 가부장적인 네덜란드의 문화 속에서 어머니는 초등 교육만 받으셨다.

> "엄마는 배운 것이 없는 분이셨어. 열세 살이 되던 해 공부를 마치고 일을 하기 시작하셨지. 엄마는 다른 사람의 집에 가서 일주일에 6일간이나 일을 하셨단다. 다른 집의 가사 도우미로 일하셨던 거야. 네덜란드에서 어린아이가 그런 일을 하는 것은 그리 이상한 게 아니었지. 흐로닝언에서 일하던 엄마는 베이둠(weidum)으로 거처를 옮기셨어. 주인 집에서 잡화점을 시작하며 이사를 하는 통에 엄마도 가셔야 했거든."

티네커의 어머니는 아주 독특한 기록을 가지고 계셨다. 초등학교에 다닐 동안 무려 전학을 62번이나 다니셨다. 티네커의 외할아버지가 도로공사를 하는 직업을 가진 탓에, 온 가족은 이동식 거주 수단인 카라반(caravan)에서 살고 있었다. 한 도로공사를 마치면 다른 도로공사 현장으로 가야 했기에, 무려 62번이나 학교를 옮겨야만 했다. 이런 상황은 초등학생에게 그리 좋은 상황은 아니다. 그래서 티네커의 어머니는 안정적인 거처를 얻길 바라셨다.

티네커의 아버지는 친절하고 책임감 있는 분이셨다. 교육을 잘 받은 분이셨고, 교회 생활에도 열심이셨고, 거대한 목장에서 관리자로도 근무하셨다. 아버지는 어머니가 교육을 잘 받지 못했다고 해서 무시하지 않으셨다. 하지만 아내가 무엇인가를 모르는 상태로 두기를 원치 않으셨다.

> "엄마와 아빠가 편지를 교환할 때, 아빠는 항상 편지에서 엄마가 잘 모르는 것을 가르쳐 주시곤 했어. 두 분이 편지로 대화를 나누시다가 대화 중에 엄마가 틀린 내용이 있으면 무엇이 틀렸는지 이야기해 주시곤 했지(웃음)."

그러나 결혼을 하셨던 때는 엄혹한 시절이었다. 티네커의 어머니 아버지는 1940년 독일 나치가 네덜란드를 막 점령할 때 결혼을 하셨다. 당시 네덜란드 개혁파 신도들은 전쟁 통에 공개적으로 믿는 바를 표현하지 못했다. 나치는 노골적으로 사회진화론적 사고방식을 강요했고, 열등한 유전자를 가진 이들은 사라지는 것이 당연한 순리라는 것을 설파했다.

열등한 사람들로 여겨지는 유대인들과 장애인들은 나치 치하에서 결코 살아남지 못했다. 네덜란드에서도 유대인들은 자신의 존재를 구분하는 노란 별을 가슴과 어깨에 붙이고 다녀야 했다. 시간이 흐르고서 유대인들은 아우슈비츠(Auschwitz) 수용소 등 학살을 위한 대규모 수용지에 강제로 보내졌다. 네덜란드인들은 이런 상황에서 나치에 협조를 강요받았다.

말로만 들었던 이 나치의 만행은 아직도 유대인들에게 생생히 기억되고 있다. 필자에게 한글을 배운 한 유대인 학생은 자신의 성씨를 가진 친척의 98%가 나치에 의해 죽임을 당했다고 이야기했다. 네덜란드에 살고 있는 유대인들은 이런 쓰라린 기억들을 가지고 있다. 그렇지만 네덜란드에서 살아가는 것을 그렇게 두려워하거나, 네덜란드인들에게 심한 배신감을 느끼고 있는 것 같지는 않다. 적지 않은 네덜란드인들은 위협을 무릅쓰고 유대인들을 숨겨 주려 노력했고 이들을 위해 싸웠다. 안네 프랑크(Anne Frank, 1929-1945)와 같이 네덜란드인들의 보호를 받는 이들은 네덜란드 곳곳에 있었다.

티네커의 아버지 어머니는 모두 해방파의 모태가 되는 네덜란드 개혁 교회 성도였다. 여타 다른 교단과는 다르게 이 교단은 나치와의 항전에 앞장섰다. 티네커의 아버지와 어머니도 나치에 쫓겨 수용소행을 앞둔 유대인들을 숨겨 주었던 것을 자주 보았다.

"어떤 집에서는 이상하리만치 장을 많이 보는 경우가 있었단다. 자기 가족의 식량에 유대인들의 식량까지 챙기는 가정은 식료품을 많이 사 둬야만 했지. 사람들은 그런 모습을 보며 한두 번은 그냥 넘어갔지만,

티네커의 할아버지 할머니가 어머니와 함께 거주하던 이동식 주택인 카라반

몇 번 반복이 되고 나서는 이상함을 느꼈어. 그럼에도 다수의 사람들
은 침묵하며 이들을 지켜 주었지만, 개중에는 나치에 이런 사실을 알
려 준 밀고자도 있었단다."

티네커의 아버지는 다른 개혁파 신도들과 같이 적극적인 저항을 선
택했다. 나치의 핍박이 서슬 퍼랬지만, 개혁파 남성들은 집을 떠나 군
사 작전에 참여했다. 네덜란드 최북단의 아멜란트(Amerland)에서 캐나
다군과 함께 나치 저항군으로 활동하기 시작한 것이다.

"네덜란드와 덴마크는 나치에 대항한 특별한 나라였어. 덴마크에서
유대인들을 분류하기 위해 '다윗의 별' 마크를 가슴에 달라고 이야기

했을 때, 사람들은 모든 사람의 가슴에 '유대인 별' 마크를 달기로 결정했다는 이야기도 있었지. 그렇게 우리 교단 사람들은 적극적으로 유대인들을 숨겨 주는 데 힘을 썼단다. 나치에 저항하지 않으면 교회에서 살아남지 못할 분위기였지. 14살짜리 꼬마 여자아이도 유모차 아래 비밀 전단지들을 자원하여 돌리기도 했단다. 물론 사람들은 눈앞에 있는 나치의 위협에 모든 일을 비밀리에 할 수밖에 없었지."

물론 네덜란드 개혁파 신도 중 일부는 "권세들에게 복종하라"라는 로마서 13장 말씀에 근거해 나치에 복종해야 한다고 주장하는 사람도 있었다. 그러나 티네커는 대다수의 해방파 교단* 사람들이 나치와의 전쟁에 나섰다고 이야기했다.

"물론 나치에 저항해서 그들을 누군가가 죽여야 한다는 것은 설명하기 어려운 곤란함을 주기도 했단다. 그러나 그들을 죽여야 하는 것은 어쩔 수 없는 선택이기도 했어. 우리가 그들을 죽이지 않으면 우리의 목숨을 잃어버릴 상황이 오게 되니까 말이야."

네덜란드에서는 천주교도들이 연합해서 나치에 대항하여 저항을 먼저 시작했다. 나치가 네덜란드에 진주하기 이전인 1936년부터 천주교회와 일부 개혁 교회는 나치에 대항하는 성명을 여러 차례 발표했다.

---

* 해방파 교단은 전쟁이 끝날 때쯤 흩어졌다. 여기에서 해방파 교단은 해방파의 신앙을 공유하던 개혁 교회의 일원들이었다.

그러자 1941년, 나치는 강제로 기독교 시민 단체를 해산했고, 네덜란드 개신교의 경건주의자들은 나치에 순응하는 것을 택했다. 이들은 나치가 나라를 점령한 것은 '하나님의 심판'이라며 받아들여야 한다는 의견을 표했다.

이런 와중 티네커의 아버지와 어머니는 결혼을 했다. 결혼한 지 얼마 되지 않아, 아버지는 저항군으로 네덜란드 최북단에 있는 아멜란트라는 곳에서 캐나다 군에 합류해 해방 전쟁에 참여했다. 전쟁의 모습은 참담했다. 티네커의 어머니는 전쟁 때의 이야기를 종종 티네커에게 해주시곤 했다.*

"티네커, 전쟁은 정말로 끔찍했단다. 우리는 그때 아파트 2층에 세 들어 살고 있었는데, 어느 때는 밤새 폭격이 있기도 했어. 아버지는 나치와 싸우러 나가셔서 집에 없었고, 너의 언니와 엄마는 화장실에 모여 머리를 웅크리고 숨을 수밖에 없었단다. 엄마의 배 속에는 네가 있었기에 엄마는 더 신경이 많이 쓰였어. 또 길거리에 돌아다니는 것도 아주 무서웠단다. 시도 때도 없이 공습경보가 울려서 밤에는 화장실에 가기도 무서웠지. 나치가 집 문을 부수고 들어와서 허튼짓을 하지나 않을까 항상 불안했어. 엄마는 전쟁이 끝나고도 큰 소리가 나면 전쟁이 기억나서 가슴이 벌렁대는 어려움을 겪었단다."

티네커는 자신이 가진 불안증들이 엄마 태중에서부터 시작된 것 같

---

* 티네커의 이야기를 제외한 모든 대화는 티네커의 구술에 따라 재구성된 것임을 밝힙니다.

다고 말했다. 그녀의 엄마는 임신 중 전쟁이라는 너무도 불안한 시간을 보냈기 때문이다. 네덜란드 개혁파 남성들이 군대에서 비밀리에 목숨 걸고 활동할 때, 개혁파 여성과 아이들은 두려움을 삼키며 그 시간을 신앙으로 인내해야 했다. 남자들은 독재자 나치에 대항하면서 하나님의 공의를 위해 총을 들었고, 여자들은 가정을 위해 하나님의 뜻을 거스르는 것들에 대항하여 싸웠다. 텔레비전에 종종 비추어지는 우크라이나의 시민군들의 초상이 바로 해방파 남성 성도들의 모습이었다.

티네커는 교단 사람들이 "입은 조용히 하고 몸을 움직였다."라고 당시 상황을 요약해서 말했다. 현재 캄펀신학대학교의 설립자라고 할 수 있는 클라스 스킬더는 나치를 비방하는 문서를 작성하여 3개월간 징역을 살고 가택연금을 당했다. 《레포르마치》(Reformatie)라는 잡지를 발행하여 나치의 악함을 이야기하다가 감옥에 간 것이다.

해방파 교회의 아버지
클라스 스킬더

클라스 스킬더(Klass Schilder)는 아른헴에 있는 감옥에 3개월 반 동안 수감되었다가, 나치에 반대하는 글을 더 이상 쓰지 않을 것이라 약속하고 신학교에 복귀한다. 스킬더가 만일 약속을 어긴다면, 그 즉시 죽음이 기다리고 있는 집중 수용소 행이었다. 스킬더가 봉직하던 신학교의 학생들도 다수 전쟁에 참가했고, 전쟁에서 순국한 학생들도 있었다. 나치의 대항은 전 교단적이었다.

티네커의 시부모님, 부모님이 속한 교단과 같은 생각을 공유하는 교단들은 자신들의 정치 조직인 반혁명당이 강제로 해산되었음에도 새로운 저항을 위한 그룹을 조직했다. 여기에 중추적인 역할을 했던 것이 '개혁주의 여성 연맹'이었다. 이들은 아주 긴밀한 연락망을 조직하고 있었다. 티네커의 어머니도 어김없이 이 여성 단체에 가입했다. 당시 교회는 여성들이 아무런 교회 내의 직분을 맡지 못하게 되어 있었다. 여자는 전도사, 집사, 권사 등도 할 수 없었다. 하지만 이들이 교회밖에서 가만히 있기만 한 것은 아니다. 이들은 다양한 연합회를 만들었다. 티네커에 따르면 이것은 "아브라함 카이퍼의 유산"이었다. 이 여성들은 똘똘 뭉쳐 전투를 지원했다. 다들 자녀들이 넷이나 다섯씩은 기본적으로 있었다.

또한 이 교단 성도들은 "숨는 자들을 돕기 위한 국가 조직"이라는 단체를 조직했다. 이 단체에는 2만 명의 봉사자가 있었고, 나치에 강제 송환되어 운명을 달리할 예정인 40만 명을 나치로부터 숨겼다.*

그런데, 전쟁 마지막 해인 1944년에는 엎친 데 덮친 격으로 또 다른 고난이 찾아왔다. 그해에는 역사에 기록될 만한 "가난한 겨울"이 찾아왔다. 네덜란드는 북해와 인접해 있어 한겨울에도 영하 5도 이하로 떨어지는 적이 별로 없으나 그해 겨울 가장 추운 지역의 기온이 영하 18도까지 떨어졌고, 눈도 14일 이상 연속으로 왔다. 이 추운 날씨 속에 철도 노동자 개혁파 성도들은 나치의 물류망에 충격을 주기 위해 파업

---

* 이런 모습은 우리가 일제에 저항하는 모습과는 완전히 다른 모습이다. 우리 장로교회는 부당한 일을 저지른 일제 혹은 북한에 대항하여 물리적인 싸움을 하지 않았다. 주기철, 한상동 목사와 같은 이들이 교회들을 돌아다니며 적극적으로 신사참배에 저항하도록 사람들을 신앙적으로 독려했고, 이 때문에 순교하며 일본이 주는 처벌을 감내했다. 그러나 우리의 개혁 교도 선배들은 독립군에 지원하여 활동했다는 이야기를 들어본 적이 없다. 총칼로 불의한 일을 강요하는 일제에 우리의 장로교회 신도들도 네덜란드의 개혁파 신도들처럼 적극적으로 저항했다면 오늘날 우리의 장로교회는 어떤 모습이었을까?

하기도 했다. 네덜란드는 철도 이외에도 강을 활용한 수륙 물류망도 잘 갖추어져 있어 철도 운행이 중단될지라도 물류망에는 다른 대안이 있었다.

그러나 나치의 점령 의지를 꺾고자 했던 개혁파 성도들은 도리어 나치를 자극해 버렸다. 나치는 철도뿐만 아니라 내륙 수상 운동도 막아버렸다. 보관되어 있던 식량이 운송되지 않자 시장의 매대는 텅텅 비어버렸다. 티네커의 어머니를 비롯해 네덜란드의 많은 사람은 나치의 배급에만 의존할 수밖에 없었다. 먹을 빵이 없어 들판의 잡초 등을 뜯어 먹는 수준까지 이르렀다. 이런 가난은 전쟁이 끝날 때까지 이어졌다.

그러다가 이런 추운 겨울 속에 나치가 러시아 전선에서 고전을 면치 못하고, 연합군은 드디어 승기를 잡게 된다. 티네커의 가족이 살던 흐로닝언은 1945년 4월 18일 캐나다와 네덜란드 저항군이 힘을 합쳐 나치를 몰아냈다. 그해에 티네커는 세상에서 첫울음을 터뜨렸다.

2. 나의 아버지 폽코 부어, 왜 나를 떠나가시나이까?

티네커는 아버지에 대해 이렇게 이야기한다.

"흐로닝언에는 아주 큰 개혁주의 해방파 교회가 있었어. 이 교회는 얼마나 큰지 7명의 목사님이 돌아가면서 설교를 하고, 100명 가까운 장로님이 교회를 섬겼단다. 우리 아빠는 30대의 젊은 나이에 장로가 되었는데, 그 누구도 아빠를 무시하지 못했어. 아빠가 이야기할 때는 7명의 목사님들 모두가 잠잠할 정도로 교회에서 가장 무게감 있는 사람이 우리 아버지였거든."

티네커의 아버지 폽코 씨는 자신이 몸담고 있었던 개혁주의 교회도 개혁되어야 한다고 주장하는 신도였다. 폽코 씨는 1948년 12월 18일 《개혁주의 가족 신문》에 "위대한 계명"이라는 제목의 장문의 글을 기고했다.

우리를 먼저 사랑하신 그리스도께서는 그분의 자녀들의 마음으로부터 나온 것이 그분을 향하길 바라십니다. 누구든 그를 보거나 그의 하신 일을 보신 사람들은 그분의 사랑을 알게 되어 있습니다. … 보십시오. 예수께서는 '돈을 바꾸는 자'의 상을 채찍으로 엎으셨고, 바리새인들과 서기관들에게 "위선자들아 화 있을진저!"라고 외치셨습니다.

이 글은 개혁주의자들 마음 중심에 하나님을 사랑하는 마음이 깊게 자리 잡아 있어야 한다고 강변하는 글이었다. 개혁주의가 형식화되고 죽은 화석화되어 가는 것에 대한 강한 일침이기도 했다. 자신을 개혁주의자라 부르고 개혁주의적인 형식을 갖추고 행동할지라도, 하나님 아버지를 사랑하는 마음이 없다면 위선이라는 점을 아프게 지적한 것이다.

하나님 아버지를 진정으로 사랑하는 폽코 씨는 아이들을 위해 교육에 힘을 쏟았고, 개혁주의의 원리대로 학생들을 가르치길 원했다. 그는 아브라함 카이퍼 초등학교에서 교사로 근무하셨다.

1945년, 5천만 명의 생명을 앗아간 제2차 세계 대전이 끝나고 폽코 씨는 교육 일선으로 복귀하셨다. 나치와의 싸움이 끝났지만, 아이들에게 기독교 교육을 해야 하는 과제는 여전히 크게 남아 있었다. 폽코 씨는 흐로닝언에 복귀해 열심히 아이를 가르치셨다. 그러나 전쟁이 끝난 지 얼마 되지 않은 1951년 청천벽력 같은 소식을 듣게 된다. 원인 불명의 불치병에 걸렸다는 것이다.

폽코 씨는 의사를 찾아갔지만 이미 너무 늦었다. 의사는 아버지가 길게 살아 봐야 2개월을 넘기지 못할 거라고 이야기했다. 이때는 티네커가 갓 다섯 살을 넘겼을 때였다. 폽코 씨는 치료를 위해 한동안 병원에 입원하였다. 그러나 여생을 병원에서 보내기가 싫었다. 의사의 처치도 큰 의미가 없는 시간이 와 버렸다.

"의사 양반, 내 병세가 쉽게 나아지지 않을 거라는 걸 나도 잘 알고 있소. 그러니 내가 집에 갈 수 있도록 허락해 주시오."

의사는 폽코 씨를 퇴원시켜 주었다. 그는 그렇게 퇴원 후 두 번째 주일을 집에서 맞이했다. 티네커의 어머니는 집에서 삶을 마무리할 아픈 아버지에게 티네커가 자주 다가가지 못하도록 했다. 하지만 아버지가 돌아가시기 전에, 티네커는 아버지를 만날 기회가 한 번 있었다. 폽코 씨는 남매의 머리에 손을 얹고 축복 기도를 해주었다. 티네커는 당시 나이가 너무 어려 아버지가 어떤 기도를 하셨는지 기억이 잘 나지 않는다고 했다. 성찬이 있는 주일, 아버지가 어머니에게 특별한 말씀을 하셨다고 한다.

"나는 천국에서 성찬을 하겠소."

폽코 씨는 본인의 죽음을 미리 알고 있었다. 그리고 그가 죽음 이후에 어디를 향하여 갈 것인지도 알고 있었다. 그리고 그는 죽음을 담담하게 마주하였다. 죽기 전, 자녀들을 위한 기도를 한번 하고, 하늘에 계신 아버지의 곁으로 가는 시간을 담담히 기다렸다. 그리고 그날에 돌아가셨다.

당시 부모들은 어린아이들이 누군가의 죽음을 지켜보는 것을 그리 달갑게 생각하지 않았다. 어린 티네커는 아버지를 다시 한번 보고 싶었지만, 어머니는 티네커에게 아버지의 시신을 보여 주지 않았다. 그리고 아버지의 장례식 또한 참가하지 못하게 했다.

그렇게 네덜란드의 해방을 위해 싸우고, 기독교 교육을 위해 일생을 바친 티네커의 아버지 '폽코 부어'는 하나님의 품으로 부름을 받았다. 그리고 티네커는 다섯 살 때 아버지를 여의었다. 어린 티네커의 신앙적 질문에 답을 해줄 중요한 선생님 한 명이 떠난 셈이었다.

티네커의 아버지 폽코 부어와 그의 묘비

아버지가 돌아가신 후, 그를 애도하는 사람들이 신문에 추도 메시지를 남겼다.

월요일 오후 흐로닝언에서 폽코 부어 씨가 사망하셨습니다. 그는 개혁주의 학교의 교사였습니다. 부어 씨는 한동안 병고를 치루었고, 그래서 그는 두려움이 있었습니다. 그의 죽음은 그의 아내와 네 어린아이들에게 매우 무거운 상실이었으며, 또한 그가 장로로 봉직했던 흐로닝언교회에도 큰 손실입니다. 그는 주님으로부터 풍성한 선물을 많이 받았고, 온 마음을 다해 하나님 나라의 도래를 위해 수고했습니다. 특히 기독교 교육에 관심과 사랑이 있었습니다. 그는 다른 많은 사람들보다 더 날카롭게 기독교 학교의 지속적인 개혁의 필요성을 깨달았습니다.

우리 잡지에서 그는 이니셜 'P. B.'로 이러한 문제에 대한 많은 기사를 썼습니다. 그는 모든 면에서 우리 신문에 공감했습니다. 편집자들이 아직 흐로닝언에 있을 때 부어 형제가 정기적으로 우리를 방문했습니다. 우리는 그의 우정과 조언이 매우 그리울 것입니다.

인간의 기준으로 보면, 우리는 이 활동적이고 매장된 전사를 아직 적당하지 않은 시기에 빼앗긴 듯하지만, 우리 주님은 틀리지 않으십니다. 주여, 과부의 남편과 고아의 아버지가 되기를 원하는 이 죽은 형제의 가족을 위로하고 도우소서.

폽코 씨는 전쟁이 끝나고 죽기 전까지 개혁주의 학교의 개혁을 위해 힘썼다. 특별히 개혁주의 교회에서 정죄와 판단이 앞서는 기계적인 개혁주의에 대해 그것은 참된 개혁주의가 아니라고 선을 그었다. 십계명을 들먹이며 다른 이들에게 칼날을 겨누는 신앙은 참된 개혁주의로 보지 않은 것이다. 나치와 목숨을 걸고 싸우면서 결코 악을 용납한 사람이 아니었음에도, 그는 개혁주의 교회가 극히 작은 자 하나 업신여기는 것을 결코 용납하지 않았다.

티네커는 아버지에 대한 기억이 별로 없었다. 아버지가 돌아가신 이후 신앙적인 갈급함을 풀어 줄 수 있는 사람이 없어 매우 힘들었고, 곧바로 현실적인 문제도 다가오기 시작했다고 한다. 아버지가 기독교 학교 교사 생활을 하고 있어서 어느 정도 가족의 생계는 감당이 되었는데, 아버지가 돌아가신 이후에는 어머니 홀로 자식들을 키워 내야 했기에 어머니는 얼마 되지 않는 아버지의 연금으로 삶을 꾸려야만 했다고 한다.

그러나 아버지의 죽음을 메꾸어 줄 귀인들이 티네커의 주변에 있었다. 그 귀인은 바로 미국 이민자의 딸 이모 낸시와 아버지를 대신하여 자신의 후견인을 자처하셨던 할아버지 '루이'였다.

3. 믿음의 모범, 외팔이 할아버지 루이

티네커의 친할아버지 루이는 일평생을 흐로닝언 근처 베이텀에 있는 우유 공장에서 일했다. 그는 아주 성실해서 우유 공장에서 40년간 근속 근무하여 네덜란드의 여왕 율리아나(Juliana, 1909-2004)가 주는 훈장을 받기도 했다. 할아버지는 지독하게도 말이 없는 분이었다. 하지만 티네커는 할아버지 집에 갈 때마다 늘 조용히 자리에 앉아 눈을 감고 한 손으로 의수를 꼭 잡고서 기도하시는 할아버지의 모습을 볼 수 있었다. 티네커는 이를 통해 하나님과 할아버지의 관계를 느낄 수 있었다.

할아버지는 평생 네덜란드 개혁 교회에 몸을 담으신 분이셨다. 네덜란드 해방파 개혁주의의 외적인 특징은 두 번의 예배와 교단의 학교에 학생을 보내는 것이었다. 그러나 보이지 않는 해방파의 특징은 누구보다 하나님과 경건하고 친밀한 시간을 보내는 것이었다. 집안에서 아무도 신경 쓰지 않고 무릎을 꿇고 하나님과 교제하는 것은 쉬워 보일 수 있지만, 결코 쉬운 일이 아니다.

티네커는 할아버지에 관한 재미있는 일화 하나를 이야기해 주었다.

"우리 할아버지는 한 팔이 하나 없으셨단다. 하지만 한 번도 팔에 대해 불평해 보신 적이 없었지. 할아버지에게는 한 개의 인공 팔이 있으셨는데, 아주 재미있게도 의수가 세 개나 있으셨어. 하나는 일하실 때 쓰시는 손, 또 하나는 자전거를 탈 때 쓰는 손이었는데, 그 특별한 손은 자전거를 타기 위해서 약간 동그랗게 말려있었지(하하). 나머지는 교회에 가실 때 끼우시는 아주 깨끗한 손이었는데, 아름다운 갈색 가죽장갑을 양쪽 손에 끼우고 교회에 가셨단다."

티네커의 할아버지 폽코 메이어. 우유 공장에서 40년 근속으로 국가 표창을 받고 있다.

할아버지는 아버지가 돌아가신 이후 티네커의 후견인이 되셨다. 티네커의 결혼식에도 할아버지는 아버지 대신 결혼 서류에 서명해 주셨다.

티네커의 할아버지는 무엇보다 하나님을 사랑하는 분이었다. 개혁파 신도들은 하나님과의 깊은 개인적인 관계 위에 개혁주의적인 신앙고백을 받아들였다. 이들의 깊은 기도는 제2차 세계 대전과 같은 혼동 가운데서 신앙을 지탱하게 해주었고, 이런 신앙은 말로 전달되기보다 눈에 보이는 모습으로 전달되었다. 쉽게 이야기해, 이들은 부모의 기도하는 모습을 보고서 무엇이 신앙생활인지를 배운 것이다.

티네커는 아버지가 없어 가정 내에서 신앙 교육을 받을 기회가 그리 많지 않았다. 티네커가 기억하는 가정에서의 신앙 교육은 어머니와 함께 식사 시간 전후로 성경을 읽고 함께 기도하는 것이었다. 아버지가 돌아가셔서 이런 모습을 보고 배우기 어려웠던 티네커는 신앙을 더 많이 전수받지 못한 것이 아쉬웠다. 아버지와 하나님과의 사랑의 관계를 볼 기회가 없었던 것이다.

루이는 소위 '신칼뱅주의'를 이루었던 아브라함 카이퍼, 헤르만 바빙크, 클라스 스킬더 등과 동시대에 살았다. 신칼뱅주의의 이면에는 알려지지 않은 이런 일반 신도들의 깊은 기도가 있었다. 세계적인 신학자인 아브라함 카이퍼는 여러 가지 일들을 했다. 1900년대 초반부터 1940년대 네덜란드 개혁파 교회는 무엇보다도 하나님을 뜨겁게 사랑하는 사람들의 시대였다고 할 수 있다.

티네커는 이런 사람들이 교회에 가득했던 시기에 유년기를 보냈다. 신학자들이 교회에서 피어난 꽃이라면, 일반 신도들은 그런 신학자를 자라게 하는 토양이라 할 수 있을 것이다. 티네커도 이런 하나의 토양이었다.

4. 네덜란드 개혁파 미국 이민 가정의 고모, 낸시

　식민지 조선인들이 중국과 연해주 등지에 가난을 피해 일을 하러 간 것처럼, 네덜란드 사람들도 19세기 후반부터 미국으로 이민을 떠났다. 이들이 개혁파의 정체성을 가지고 어떻게 살았는지에 대해 알려진 바는 그리 많지 않다. 미국 칼빈신학교가 위치한 미시간주(State of Michigan) 그랜드 래피즈(Grand Rapids)와 홀랜드(Holland) 등 몇몇 도시에 네덜란드 이주민들이 모여 산다는 것과, 네덜란드식의 개혁주의 교회를 세웠다는 점만 우리에게 알려져 있다.

　맨손으로 새로운 삶을 개척해 나가야 하는 삶은 과연 어떤 삶이었을까? 티네커의 큰할아버지는 새로운 삶을 향해 그의 나이 20대에 미국행 배에 몸을 실었다. 큰할아버지인 '얀'은 10명의 자녀가 있었는데, 그중 '낸시'라는 고모는 티네커와 긴밀한 관계였다.

　조용했던 할아버지 루이와 다르게 큰할아버지 얀은 집안에서 갈등이 많았다. 약 100년 전 일이라 티네커는 그것이 어떠한 갈등이었는지 제대로 기억을 하고 있지는 못했지만, 네덜란드 개혁파이자 해방파 성도의 집이라 할지라도 가정 문제는 있었고, 집을 떠날 정도의 심각함이 있었다.

얀 할아버지는 결국 청소년기에 시작된 부모님과의 갈등 끝에 미국 이주를 선택했다. 하지만 얀은 미국에서 네덜란드 개혁파 신앙을 고수하며 살았다. 큰 땅을 빌려 농사를 지었고, 이후에 그랜드래피즈 교외의 땅을 구매하여 농사를 지으며 살았다. 농사를 짓는 데는 말도 문화도 필요 없었다. 제때 비가 오면 되었고, 폭풍우와 같은 자연 재해가 없으면 되었다. 얀은 그곳에서 하나님과의 고독한 씨름을 계속했다.

얀은 영어를 할 줄 몰랐다. 얀은 미국에서도 네덜란드어 신문을 읽고, 네덜란드어로 기도하고, 네덜란드인들이 모인 교회에 출석했다. 자녀들이 자란 이후에도 네덜란드어만 사용하여, 얀의 자녀들조차 아버지가 어떤 기도를 하는지 이해하기가 무척이나 어려웠다. 자녀가 오랜 타문화 생활 끝에 모국어를 잃어버리게 되는 전형적인 이민자 가족의 결말이었다.

그의 아내 역시 네덜란드 출신 이민자였다. 그는 농사에만 집중했고, 집밖 출입을 거의 하지 않았다. 집에만 있었던 고지식한 그는 무려 10명의 자녀를 출산했다. 아들 셋, 딸 일곱이었다. 얀의 아들 세 명은 초등교육만 받고 결혼하여 가정을 꾸렸다. 아들은 아버지의 농장에서만 일해야 했다. 얀은 딸들이 집 밖에서 살아가는 것을 허락하지 않았다. 비극이었다. 티네커는 낸시가 했던 이야기를 어렵사리 기억해 전해 주었다.

"티네커, 나는 아버지 때문에 너무도 힘들었단다. 아버지가 너무나도 강성이셔서 아버지에게 대드는 것을 차마 상상하지도 못했지. 나도 젊을 때 공부를 하고 싶었고 결혼을 하고 싶었어. 그렇게 하려면 아버지를 설득해야 했지만, 아버지와 대화하는 게 불가능했단다. 우리 집세 명의 형제들은 군 입대를 하고 다시는 집에 돌아오지 않았어. 아버지와 함께 있는 것이 불편했던 거겠지."

얀은 58세의 나이로 농장에서 일을 하다 갑작스러운 심장 마비로 세상을 떠났다. 그가 떠난 이후 가정에 있던 여덟 명의 여인들은 자유를 얻었고, 어머니는 아버지가 일구어 놓았던 농장을 다 팔아 버리고 도시로 떠났다. 그리고 낸시는 적절한 직업 교육을 받지 못해 냉장고를 조립하는 공장에서 근무하게 되었다.

아버지로 인해 어려움을 겪었던 티네커의 고모 낸시

낸시는 네덜란드 개혁파의 후예로 미국에서도 개혁 교회를 다녔다. 그러나 제대로 된 학교 교육을 받지 못한 것은 천추의 한이었다. 그녀의 아버지 얀은 하나님을 의지하는 사람이었지만, 자녀들을 세상에 내보내길 두려워했다. 자신이 겪은 이민자의 혹독한 삶을 자녀들이 겪지 않기를 바랐는지도 모른다. 단정 짓기는 어렵지만, 개혁주의 신앙 안에서 자기 자녀를 지나치게 자신의 품에 두고자 했던 것이 오히려 자녀들의 인생 앞길을 막게 되었다. 그래서 낸시는 자신과 같은 상황이 다시 재연되어서는 안 된다고 믿었다.

그리고 낸시의 언니 '예니'는 청년이 되어 독립을 하고서 네덜란드에 방문할 기회를 가지게 되었다. 예니는 폽코의 집에 머물게 되었는데, 폽코와 그의 아내는 지극 정성으로 그녀를 맞이했다. 그해가 1949년이었다. 그리고 예니는 티네커 가족의 사진을 가지고서 미국으로 돌아갔다. 이때가 티네커가 만으로 만 3세였다.

모든 친척이 네덜란드에 있었던 낸시는 언니 예니의 네덜란드 방문을 계기로 티네커 가족과 교제를 시작했다. 당시에는 인터넷도, 전화도 없었기에 편지만을 통해 서로에 대한 사랑을 키워 갔다. 티네커는 나이가 어려 편지 내용을 잘 기억하지 못하지만, 티네커의 아버지가 돌아가신 이후 낸시는 티네커 가족을 극진히 돌봐주었다. 특별히 가난하여 학교를 계속 다니기 힘든 티네커에게 장학금을 계속해서 보내 주었다.

"낸시는 내가 자신과 같은 삶을 살기를 바라지 않았단다. 여자이기 때문에, 또 가난하기 때문에 교육도 받지 못한 채 어쩔 수 없이 공장에서 일하는 삶은 결코 바람직하지 않다고 보았지. 그래서 낸시는 내가 적절한 직업 교육을 받길 바랐어. 낸시는 공장에서 일을 하고 거기서 받은 돈으로 내게 후원해 주었단다. 덕분에 나는 중등학교(한국으로 따지면 고등학교)를 졸업할 수 있었고, 이후에 교사가 될 수 있는 자격을 얻을 수 있는 학교에 진학할 수 있었지. 낸시는 하나님께서 내게 보내 주신 귀한 손길이었어."

폐쇄적인 개혁파 이민자 아버지 아래에서의 삶은 낸시를 괴롭게 했다. 특별히 낸시가 아버지의 그늘에서 벗어나기 어려웠던 것은 바로 개혁파 신앙에서 중요하게 생각하는 십계명 제5계명 때문이었다. 이것이 감옥과 같은 집을 아무리 벗어나기 어려웠을지라도, 용기 있게 집을 뛰쳐나갈 수 없었던 이유이기도 했다.

티네커와 낸시는 신앙적인 대화를 많이 했다. 티네커는 아버지를 무척 사랑했고, 아버지에게 신앙적 유산을 얻고자 했다. 1945년생인 티네커는 아버지가 돌아가신 지 70년이 다 되었지만, 아직까지도 아버지를 그리워하고 있다. 아버지의 죽음이 티네커에게는 아주 슬픈 일이었기 때문이다. 하지만 낸시는 티네커와 정반대였다.

낸시에게 제5계명은 아주 큰 족쇄이자 고통이었다. 아버지는 딸을 가둬 둠으로써 딸의 신앙을 지키고자 했을지 모르지만, 아버지의 행동은 딸로 하여금 하나님의 계명을 순종하기 어렵게 만들었다. 티네커의 아버지는 가족들을 몸과 같이 사랑했지만, 낸시의 아버지 얀은 가족에 대한 사랑을 잃어버렸다.

낸시는 개혁파 교회에서 신앙생활 하면서 제5계명, 즉 "네 부모를 공경하라"를 받아들이기가 몹시 어렵다고 티네커에게 종종 이야기했다. 아버지가 옭아매어 놓은 고통은 쉽게 가시는 것이 아니었다. 신앙도 지키고 가정도 지켜야 했던 이민자 얀에게는 하나님과 가족 모두를 사랑하는 것이 과도한 짐이었을 수도 있다. 그러나 하나님께서는 얀의 큰 부담을 덜어 가셨다. 하나님께서 얀을 데리고 가신 것이다. 낸시는 아버지 얀의 죽음으로 기대하지 못했던 자유를 얻었다. 조금 늦기는 했지만 말이다. 티네커는 아주 유쾌하게 낸시의 남은 인생에 대해 이야기해 주었다.

"낸시는 아버지가 돌아가신 이후 60세의 늦은 나이에 결혼했단다. 무려 81세의 네덜란드어를 아주 잘하는 노인과 결혼했는데, 이 노인은 네덜란드에서 태어났고 자동차 관련 사업을 하는 상당히 부유한 기독교인이었지. 늦기는 했어도 낸시의 결혼은 몹시 행복했고, 남편은 100세까지 장수했어. 낸시와 남편은 매년마다 네덜란드에 와서 자신의 결혼기념일을 축하했고, 낸시가 네덜란드에 오면 나는 항상 낸시 곁에 머물며 교제했지."

낸시는 티네커가 어릴 때 티네커의 학업을 책임져 주었고, 결혼 이후에는 정신적 지주 역할을 감당했다.

"낸시는 나와 전화 통화를 하면서 항상 선한 일에 힘을 쓰라고 이야기해 주었단다. 내 인생에 정말 어렵고 힘든 일이 많았고, 하고 있는 일을 그만두어야 하는지 걱정이 들 때도 많이 있었거든. 그런 낸시는 내게 한국 사람들과 난민들에게 네덜란드어를 무료로 가르치는 것도 계속하라고 격려해 주었지. 그리고 우리 남편이 세상을 먼저 떠났을 때, 그리고 퇴직했을 때 어김없이 위로와 격려를 전해 주던 사람이 바로 낸시였어. 그러다가 2018년 미국에서 소천하셨지."

강한 개혁파 신앙을 고수한 사람이라고 할지라도, 그 신앙이 가정을 지켜 주는 것은 또 다른 문제였다. 개혁파 신앙 고백과 삶의 양식을 지키는 것도 중요하지만, 가정생활에서 더 중요한 것은 가족을 진심으로 사랑하는 것이었다.

낸시는 아버지로 인해 그토록 큰 고통을 당하며 살았지만, 놀랍게도 개혁파 신앙을 잃진 않았다. 낸시의 고난은 신앙적 박해 때문이 아니라, 지나친 보호와 개혁파적 삶의 집착이 불러온 불상사였기 때문이다. 반면에 티네커는 자신을 보호해 줄 남편이 사라졌고 아버지가 돌아가셔서 어머니마저 돌보아야 할 처지였지만, 하나님께서 그 길을 엇나가게 하지는 않으셨다.

5. 흐로닝언에 세워진 해방파 기독교 학교

티네커는 현재 네덜란드 중부 지역에 위치한 하템(Hattem)이라는 지역에 살고 있다. 하지만 항상 자신은 흐로닝언(Groningen) 사람이라고 이야기한다. 흐로닝언은 네덜란드 중북부에 위치한 한 도시이다. 이 도시에는 현재 개신교신학대학교(Protestant Theologische Universiteit, 네덜란드에서는 'PTHU'로 불림)가 위치해 있기도 하다.* 개신교신학대학교는 본래 캄펀(Campen)에 위치해 있었다. 1854년 처음 세워진 이 신학교는 1944년 개혁파 교회에서 해방파 교단이 분리되어 나갔을 때 분리되었다. 그렇게 두 학교는 작은 도시 캄펀에 같이 위치해 있었다가, 2010년 흐로닝언과 암스테르담(Amsterdam) 두 곳에 캠퍼스를 꾸렸다.

티네커는 해방파 교회 소속 성도이다. 1944년 아브라함 카이퍼의 개혁 교회와 스킬더의 교회들이 분리될 때, 티네커의 가족과 미래 남편이 될 윔 메이어 씨의 가족 모두는 스킬더의 해방파 교회에 가는 것을 택했다. 티네커가 어머니의 태중에 있을 때 교단이 분리된 것이다. 교

---

* 2022년 5월 현재 PTHU라고 불리는 개신교신학대학원대학교는 암스테르담 자유대학교 신학부와 합병하여 위트레흐트로 이동하는 결정을 내렸다. 네덜란드의 신학교에 진학하는 학생들이 점점 줄어드는 현상 속에 내린 결정이다.

단이 분리된 이유는 여러 가지 신학적 논쟁 때문이었지만, 결정적으로 유아세례와 관련된 은혜언약 문제 때문이었다.

나치에 저항했던 클라스 스킬더와 해방파 캄펀신학교의 대표적인 신학자 흐레이다너스(Greijdanus)는 자신들이 생각하는 기존 개혁파 교단의 문제점에 대해서 이야기했다. 이들이 제기한 문제는 제2차 세계대전이 발발하기 5일 전인 1939년 8월 29일 교단 총회에서 다루어졌다. 이 문제와 관련된 논쟁은 4년간 계속되었다. 총회는 네덜란드의 스네이크(Sneek) 지역에서 열렸다가 위트레흐트(Utrecht) 지역까지 이어졌다. 그러나 스킬더와 흐레이다너스의 목소리는 소수의 목소리였다.

당시 총회가 전쟁 통에 열리고 있어 다양한 총회원들과 인근 국가에 거주하고 있는 교단 관계자는 참여하기가 어려웠다. 스킬더 박사는 나치에 투옥된 이후 공개적인 글을 쓰지 못하게 협박을 받았던 터라 이 논쟁에 제대로 참여하기가 어려웠다. 그래서 스킬더와 뜻을 같이하는 이들은 이 논쟁을 뒤로 미루자는 제안을 했지만, 총회는 이에 반하는 결정을 강행했다.

아브라함 카이퍼는 항상 논란의 중심에 서 있었다.

이 논쟁은 아브라함 카이퍼가 그의 사망전 주장했던 '잠정적 중생론'에 관한 것이었다. 해방파 교회 역사 교과서를 작성했던 W. 메이어 씨는 교과서(Kleine Kerkgeschiedenis 3 7장)에서 잠정적 중생론을 이렇게 설명한다.

"언약은 오로지 택자와 맺어진다.… 그것은 아

주 작은 아기가 세례를 받을 때, 우리는 그 아이가 택함을 받았는지 혹은 그가 회심한 자인지 알지 못한다. 그러나 우리는 그 아이에게 세례를 준다. … 우리는 그러므로 반드시 그런 아이들이 중생할 것이라고 가정해야만 한다. … 유아세례 의식이 끝날 무렵에도 우리는 그 아이가 정말 사역자로부터 진정으로 세례를 받았는지 알지 못한다. … 그러므로 우리는 아이들이 자랐을 때 아마도 그들의 삶의 발자취에서 그것이 (택자인지 중생을 했는지) 확실히 드러날 것이다."

잠정적 중생론은 한 아이가 믿는 부모 아래서 태어났기에, 그가 확실히 언약의 자녀라고 가정을 하고 세례를 주자는 것이다. 하나님이 이미 선택하신 자는 무조건 구원을 받게 되고, 구원을 받기로 선택한 사람과만 언약을 맺으신다는 것이 카이퍼가 주장하는 바였다. 유아 세례 시에 그 아이가 중생을 했는지 확실히 알길은 없다. 그렇지만 하나님께서 그 아이와 언약을 맺으셨다면 끝내는 중생하게 하실 것이라는 믿음의 표시로 세례를 주는 것이다. 요즘 말로 '될 놈은 어떻게 해서든 결국에는 된다' 식의 구원에 대한 생각이다.

클라스 스킬더 등은 아이들이 태어나면 하나님과 언약 관계에 있지만, 그 언약의 관계가 중생을 담보하지는 않는다고 보았다. 그가 끝까지 언약이 이야기하는 바인 '복음을 통해 예수 그리스도를 구주로 받아들이고 살아가는 것'을 죽는 순간까지 부정한다면, 그는 유아세례를 받았더라도 중생한 자는 아니라는 것이고, 그 책임은 자신에게 있다고 믿었다. 즉 유아세례를 구원 보장의 세리머니(ceremony)가 아닌 언약의 여정의 시작점으로 본 것이며, 택함받음은 그의 인생을 끝에서 중생한 자가 하는 고백이라는 것이다.

스킬더와 함께 하는 사람들은 하나님께서 끝까지 그 사람이 돌아오기를 기다리는 '신자의 자녀에게 주어진 언약의 유지'는 계속된다고 믿었고, 하나님과 인간의 신실한 언약 유지를 위해 인간의 큰 책임감을 강조했다. 이들은 그렇기에 계속해서 자녀들에게 믿음의 방편인 복음과 성경을 가르쳤고, 함께 기도에 힘을 쓴 것이다. '언약은 곧 중생'이라는 믿음은 소위 '값싼 구원'의 문제를 야기할 수 있었다.* 이 카이퍼의 주장은 1905년 캄펀신학교의 린더봄(Lucas Lindeboom, 1845-1933) 교수에 의해 신중하게 검토된 이후, 교회의 교리로 받아들일 수 없다고 결론을 내렸다. 그러나 네덜란드 개혁 교회는 1942년 의견을 바꾸어 이 교리를 받아들이기로 결정했다. 해방파 성도들은 이 결정이 아브라함 카이퍼에 대한 지나친 맹신으로부터 비롯된 것이라고 생각했다. 이런 것을 받아들일 수 없었던 티네커의 가족들과 미래의 시댁 가족들은 계속 한 교회에 머무를 수 없었다. 많은 이들이 이 '잠정적 중생론'을 교회의 교리로 받아들인 결정이 부당하다고 서명하여 교단 총회에 청원했다. 하지만 총회는 이를 무시했다.

1944년 클라스 스킬더 교수와 흐레이다누스 교수는 교회들에게 이런 결정을 묵과해서는 안 된다고 강하게 주장했다. 교단은 스킬더 교수

---

* 실제 필자는 카이퍼의 잠정적 중생론을 극렬하게 비판하는 네덜란드 사람과 뜨거운 여름 호수를 항해하는 작은 배 위 에서 대화를 해본 적이 있다. 이들은 부모가 믿는자여도 자녀는 마약과 가정 폭력을 저지르고 전혀 믿는 자의 모습을 보여주지 못한다며 이런 자는 전혀 선택된 자로 보이지 않는다고 이야기 했다. 이 사람은 "한국 교회는 내가 믿기로 적어도 카이퍼를 따라가지 않는 '상식'은 있으리라 믿는다"고 필자에게 이야기 했던 적이 있다.

가 총회의 결정을 인정하지 않는다는 이유로 그를 교수직에서 해임하였고, 흐레이다누스 교수에게는 십계명 제5계명과 제9계명을 적용하여 그를 교수직에서 물러나게 했다. 총회 질서에 순복하지 않는다는 이유와 잘못된 이야기를 전한다는 죄목이었다.

이들은 도르트 교회 질서 제31조를 근거로 다시 한번 설득에 나섰다. 제31조에서는 "소회의 결정이 잘못되어 문제제기 할 경우, 대회에 이를 상소할 권리가 있고, 다수의 투표에 의해 동의가 되었다면 이 결정이 성경과 혹은 교회 정치의 조항들과 충돌한다고 밝혀지지 않았을 경우에 한해, 그것이 총회에 의해 바꾸지 않았을 경우 정리되었거나 구속력이 있다고 보아야 한다."라고 말한다. 도르트 교회 질서 제31조가 교회 정치에 관하여 설명하고 있지만, 이 교회의 질서는 성경의 권위를 앞설 수 없다고 말하는 것이다.

교단이 분열될 때 장로로 봉직했던 티네커의 시아버지는 해방파 학교 아이들에게 가르치는 네덜란드 역사 · 교회 역사 교재에서 사도행전 4장 19절과 20절을 인용하며 이렇게 설명했다.

하나님 앞에서 너희의 말을 듣는 것이 하나님의 말씀을 듣는 것보다 옳은가 판단하라. 우리는 보고 들은 것을 말하지 아니할 수 없다 하니 _행 4:19-20

"누구도 상급회의의 명령에 따라 잠잠하라 말하도록 허락될 수 없습니다."

해방파 성도들은 성경의 원리와 충돌하는 잠정적 중생론에 문제를 제기했다. 그러나 상회는 이를 무시했다. 해방파 성도들은 총회가 로마 가톨릭교회와 같이 위계질서를 사용하여 신자의 양심에 대해 부당한 억압을 하고 있다고 보았다. 실제 개혁 교회는 해방파 신도들이 교회를 분리하기 전에 이들을 성찬상과 교회에서 세례를 베풀 때 사용하는 물이 담긴 '세례조'에서 배제시키곤 했다. 해방파 성도들의 고통은 말로 할 수가 없었다. 따라서 이들은 교단의 권위가 신앙적 양심을 억압하는 상황에서 스스로를 '해방'시키고자 했다.

이에 뜻을 같이하는 개혁파 교회 성도들은 카이퍼가 세웠던 개혁파 교회에서 분리하여 나갔다. 클라스 스킬더는 독일 나치 군대의 삼엄한 감시에도 불구하고 새로운 교단을 만들기 위한 회의에 비밀리에 참석했다. 해고당했던 흐레이다누스 교수도 참석했다. 본디 작은 공간에서 모임을 가지려고 했지만, 이들이 예상하지 못한 수백 명의 동조자들이 준비되어 있었다. 이로써 이들은 결국 "해방 결의 혹은 회귀"의 선언을 하고서 새로운 교단으로 뭉치게 되었다.

"지금 내가 속한 교단인 해방파 교단은 1944년 클라스 스킬더라는 사람에 의해서 세워지게 되었어. 기존 개혁파 교회에서 분리되어 나왔는데, 분리되기 전 우리는 모두 아브라함 카이퍼의 영향을 상당히 받고 있었지. 1944년 즈음 교단에서 열띤 토론이 있었는데, 유아세례에 관련된 논쟁이 아주 치열했어. 아브라함 카이퍼는 '잠정적 중생론'을 가르쳤지. 세례를 받는자는 선택받은 아이일 테니 일단 그 아이가 구원을 받았다고 보자는 것이야. 그런데 스킬더는 다른 이야기를 했어. 하나님은 탕자를 기다리시지만, 끝내 돌아오지 않은 탕자는 중생한 자가 아니라는 것이야. 은혜를 맛봤다 할지라도, 하나님을 버리는 사람들이 있다는 것이지. 유아세례를 받는다고 다 중생한 사람은 아니라는 거야."

네덜란드 개혁 교회는 이때 두 개의 교단으로 갈리게 되고, 티네커의 가족은 클라스 스킬더의 신앙을 따라 새로운 교단에 함께하게 되었다. 이 교단의 이름이 '개혁 해방파'이다. 기존 교단에 남아 있던 다수의 사람들은 분리자들을 '신오달'이라고 불렀다. 신오달은 네덜란드어로 '총회파'라고 할 수 있다.

해방파 교회를 택한 티네커의 가정, 흰색 옷을 입은 여자아이가 2세 티네커이다.

기존 교단에서 탈퇴한 사람들은 어디에서도 환영받지 못했다. 분리된 교회의 피할 수 없는 운명이었다. 규모도 작고 재정도 열악했으며,

다수자들의 차가운 시선을 견뎌야만 했다. 캄펀에 있던 규모가 제법 큰 신학교에서도 반대파들은 설 자리를 잃어버리고 말았다.

해방파 교회는 목사를 양성해야 하는 피할 수 없는 숙명으로 인해 신학교를 새로 세울 수밖에 없었다. 따라서 해방파의 지도자격인 클라스 스킬더*는 자체적으로 신학교를 세웠다. 이 신학교가 현재 네덜란드 캄펀에 있는 '캄펀개혁주의교회 신학대학교'**이다. 캄펀은 해방파 교회의 중심축을 이뤘다. 티네커가 살았던 흐로닝언은 캄펀에서 약 150km 정도 떨어진 곳으로, 네덜란드의 최 북단부에 위치한 도시이다. 지역색이 강하고, 흐로닝언대학교라는 세계적 수준의 대학이 있는 곳이기도 하다. 티네커는 이 흐로닝언에서 나고 자란 사람이었다.

티네커와 필자는 티네커의 고향인 흐로닝언을 함께 둘러보며 어릴 적 이야기를 나누어 보기로 했다. 재작년(2021) 흐로닝언에는 높은 현대적 빌딩이 하나 세워졌다. '포럼'(Forum)이라는 건물로, 누구나 무료로 10층 전망대에 올라갈 수 있다. 우리는 함께 이 빌딩에 올랐다. 이 전망대에서는 흐로닝언시를 한눈에 볼 수 있었는데, 도시는 잘린 두부와 같이 절반으로 나뉘어져 있었다. 도시의 절반은 100년이 넘은 오래된 건물들이었고, 나머지 절반은 전쟁 이후에 지은 건물들이었다.

---

* 클라스 스킬더는 캄펀에서 나고 자란 사람으로, 찢어지게 가난함을 아는 이였다. 캄펀은 제2차 세계 대전 때 저항군들이 활발히 활동한 곳이며, 다수의 유대인들이 탈출한 곳이기도 하다. 제2차 세계 대전 당시 네덜란드 캄펀시립병원에서 세계 최초로 인공 신장 투석기가 발명되기도 했다. 캄펀에 위치한 자동차 수리 센터에서 조달된 부품으로 콜프 박사는 인공 신장을 개발했고, 신장에 손상을 입은 환자들은 기꺼이 콜프 박사의 임상 실험에 참여했다. 캄펀은 독일 라인(Rhein)강과 이어지는 에이설(IJssel) 강가에 위치한 아름다운 도시로서, 내륙 수상 관광객들이 크루즈 여객선을 타고 꾸준히 방문하는 관광의 도시이기도 하다.
** 이 학교가 바로 현재 '캄펀신학교'로 불리는 곳이다. 이 학교는 현재 위트레흐트(Utrecht)로 학교를 옮기는 과정에 있다.

네덜란드는 제2차 세계 대전에서 중립국을 선언했었다. 침략을 피하기 위한 방책이었다. 그러나 독일은 프랑스와 독일 사이의 완충 지대와 같은 역할을 하는 네덜란드를 가만히 두지 않았다. 나치 독일은 군사적으로 준비되어 있지 않은 네덜란드의 항복을 받아 내기 위해 로테르담과 흐로닝언 등 주요 도시에 비행기로 폭탄을 투하했고, 네덜란드는 일주일을 채 견디지 못하고 항복을 선언했다. 당시 여왕인 빌헬미나(Wilhelmina, 1880-1962)는 영국으로 피신하여 네덜란드인들의 항전 의식을 라디오 방송 등을 통해 지속적으로 고취시켰다.

> "저기 북쪽에 보면 내가 살았던 작은 아파트가 있단다. 우리 어머니는 결혼하신 후 네 자녀를 저 집에서 출산하고 거의 60년간을 사셨지.(티네커는 방향을 돌려 손짓했다.) 이쪽으로 와보렴. 저기 내가 교사 수업을 받았던 '아케르끄'라는 교회가 있단다. 우리 개혁파 학교는 가진 건물도 없이 남의 건물을 빌려 써야 했기에, 수업을 받고 시험을 볼 때는 교회 예배당을 빌려 거기에서 시험을 봤지. 저쪽도 보렴, 흐로닝언 중심부 광장에 있는 저 예전 시청 건물(Stadshuis van Groningen)에서 남편 빌럼과 내가 혼인 신고를 했었어."

우리는 포럼에서 내려와 걷기 시작했다. 티네커는 흐로닝언을 걸으며 자신의 유년 시절에 대해서 말해 주었다. 우리는 흐로닝언 중심 광장에 도착했다. 흐로닝언 중심에는 커다란 광장이 있고 그 주위를 고풍 있는 건물들이 둘러싸고 있는데, 보통 네덜란드 대부분의 도시에는 도시 중심에 '마르크트(markt)'라고 하는 장터가 있다. 이 장터에서 주 1~2회 정도 상인들이 평상과 트레일러(trailer)를 펴두고서 식자재나 생활용품, 꽃 등을 판매한다. 우리는 구 시청 건물을 앞에 두고 광장에서 이야기를 이어 갔다.

> "지금 우리가 서있는 곳은 전쟁으로 인해 온전한 것이 별로 없었던 곳이란다. 남편과 내가 아주 어릴 적에 부서진 건물 잔해와 보도블록을 가지고 여기서 놀았던 기억이 나. 도시도 상당히 많이 파괴가 되어 있었지. 남편 집이 시내 중심 가까이에 있어서 자주 가서 놀았단다."

우리는 광장을 뒤로한 채 아케르끄(케르끄[kerk]는 네덜란드어로 '교회'를 뜻한다. 영어 '처치'[church]와 발음이 유사하다.)로 향했다. 아케르끄에서 티네커는 자신이 다녔던 초등학교에 대한 기억을 얘기해 주었다.

> "나는 원래 일반 기독교 학교에 다니고 있었단다. 우리 아버지는 '아브라함카이퍼스쿨'이라고 하는 개혁파 학교의 담임 교사를 하고 계셨지. 내가 초등학교 3학년이 되던 해에 우리 해방파 교단의 학교가 생겼는데, 학교는 이름도 없었고 건물도 없었어."

티네커의 아버지는 네덜란드 신칼뱅주의 창시자인 아브라함 카이퍼의 이름이 있는 학교에 근무하며 해방파 학교를 준비하셨다. 이 해방파의 특징은 자신의 교단이 가르치는 특정한 교리를 삶의 모든 영역에서

적용하려 했다는 점이다. 교단의 성도 수가 적고 재정도 빈약하여 무엇이든 자체적으로 하기 어려웠지만, 이 교단은 해야 할 일이면 어떻게든 시작은 하고 보았다.

"우리 학교는 너무 가난해서 건물을 가질 수가 없었어. 그래서 개교 첫해에는 시내의 건물 여기저기를 빌려서 수업을 했단다. 그럼에도 우리 교회 성도들은 학교를 시작했지. 우리 교단만의 고유한 색깔이 반영된 학교를 가지는 것은 우리 모두의 숙원 사업이었어. 전쟁 끝에, 모두가 가난했던 그때에, 우리가 믿는 바대로 살아가야 한다는 점에 있어서는 그 누구보다 강한 생각을 가지고 있었단다. 집에서만 성경을 배워서는 안 된다고 생각했어. 학교를 세워서 성경을 아주 잘 가르쳐야 한다고 생각했지. 성경이 졸린 이야기로만 가르쳐져서는 안 된다고 믿었거든."

티네커는 이 학교에 다니면서 많은 고초를 겪었다. 같은 지역 타 학교의 학생들은 이 학교 학생들을 종종 비웃으며 괴롭혔고, 가만히 앉아 있는 학생들에게 아무 이유 없이 돌을 던지는 일도 다반사였다. 티네커가 학교에 다니던 첫해에는 학교가 건물도 이름도 없는 하나의 파일럿 학교였다. 그래서 많은 학부모들이 자기 자녀들을 그 학교에 보내야 하는 확신을 갖지 못했다. 하지만 티네커의 어머니는 티네커를 건물도 이름도 없는 그 학교에 보냈다. 건물의 유무는 이들에게 큰 문제가 아니었다. 건물이 없어도 학생들은 자신들이 믿고 있는 바가 확고한 진리라는 생각을 하며 살아갔기 때문이다. 건물이 없으니 여기 저기 흩어져 수업을 받을 수밖에 없었다. 흐로닝언의 첫 해방파 초등학교는 초라하기 그지없었다. 그러나 이런 학교라 할지라도 불법은 아니었다.

"우리 학교는 건물이 없어 두 번 나뉘어 수업을 해야 했어. 학교 건물이 없으니까 시내의 어느 한 건물 한편에서 교육받는 학생들도 있었지. 여섯 개 반으로 시작했는데, 처음에는 건물이 없어서 흐로닝언에 있는 이곳저곳의 건물들을 빌려 수업을 했어. 운동장도 없었지. 하지만 얼마 지나지 않아 한 건물을 우리 교단의 두 개의 학교가 사용하게 되었어. 건물은 하나인데 학교가 두 개라서 학교 수업을 두 개로 나눌 수밖에 없었어."

첫해에 학교가 성공적으로 운영되니, 학부모들은 정부에 민원을 넣어 학교 건물을 얻을 수 있었다. 그렇게 학교가 세워지고 둘째 해에 너무 많은 학생이 한 건물에 들어오게 되어 한 건물에 두 개의 학교가 세워져야만 했다.

18세기 이전 네덜란드의 교육은 교회와 성당에서 주로 담당하였다. 네덜란드는 프랑스의 지배를 받은 이후인 1802년 국가 교육법을 수립하고 체계적으로 국가 교육을 설계해 나갔다. 이 교육은 큰 틀에서는 기독교적 가치를 반영했지만, 세부적으로는 신앙의 구체적 교리에 대해서 가르치는 것이 금지되었다. 그러자 네덜란드 국가 지도자 중 중요한 1인이었던 하윌라우머 흐룬 판 프린스테러르(Guillaume Groen van

Prinsterer, 1801-1876)는 이런 교육법에 대해 반대 운동을 벌였고, '기독교 국가 학교 교육'이라는 단체가 설립되면서 기독교 학교 운동이 본격적으로 시작되었다. 그리고 아브라함 카이퍼는 이 기독교 학교 운동을 정치적 투쟁으로 발전시켜 마침내 자유 교육을 보장하는 새로운 기독교 학교법을 수립하게 되었다.

이는 하나님이 없는 자유주의적 사고방식으로 모든 교육을 통합하려 했던 프랑스 혁명의 후예들과의 약 70년간의 정치적 싸움이 승리로 귀결된 것이다. 교단의 학교는 초라했고, 놀림받았다. 하지만 이를 위해 일생을 투쟁해 온 해방파 신도들은 기꺼이 자신의 아이들을 해방파 학교에 보내게 되었다. 학교 투쟁 과정에서 기독 교사들은 월급이 적음에도 기독교 학교로 적을 옮겼고, 다수는 교회에서 반주자 등을 하며 부족한 수입을 메꾸는 수고의 인내를 계속해 나갔다. 해방파 교단이 생기고 전쟁 통부터 준비를 계속한 기독교 학교는 여전히 여러 가지가 부족한 상태였음에도 문을 열었다. 티네커는 65년 전의 기독교 교육에 대해 소상히 기억을 하고 있었다.

"내가 초등학교 4학년이 되었을 때, 해방파 학교가 흐로닝언에 두 개 생겼단다. 학교 건물이 부족해서 두 개의 해방파 학교가 한 건물을 사용해야 했지. 우리는 헨드릭더콕이라는 학교와 건물을 같이 사용했고, 핸드릭더콕학교 학생들은 멀리 있는 학생들이어서 버스를 타고 학교에 왔어. 학교 수업은 오전 8시에 시작되었단다. 그리고 오전 10시가 되면 헨드릭더콕 학교 학생들에게 건물을 내주어야 했어. 한참을 쉬다가 오후 3시가 되면 다시 학교로 돌아와서 공부를 하고, 또 5시가 되어서야 집으로 돌아갔지. 중간의 긴 쉬는 시간은 우리 아이들이 밥도 먹고 뛰어 놀기도 하는 시간이었어."

"그런데 겨울에는 등굣길이 너무 어두웠단다. 어둠 속에서 줄지어 가는 우리를 사람들이 그다지 좋게 보지 않았지. 돌아오는 길도 겨울에는 꽤 어두웠어.* 당시에 기독교 학교는 있었어도, 우리와 같이 교단의 색깔을 따라가는 특수한 학교는 없었단다. 그래서 다들 우리를 별난 놈들이라고 생각해서인지 우리를 놀리며 '콕시쟁이들(Coxianen)'이라고 불렀어. 그래서 덩치가 있는 학교 선배들이 주눅 들지 않고 전면에 서서 무리를 지키며 등굣길을 이끌었지."

"학교에서는 매일 신앙 교육을 했단다. 매일 아침마다 시편찬송을 부르고 하루의 시작과 끝에는 항상 기도가 있었지. 오전 8시에는 평범한 기도를, 오전 10시에는 오전 수업을 마친 감사 기도를, 오후 3시에는 시작 기도를, 오후 5시에는 감사 기도를 했단다. 매주 시편을 외워 가야 했고, 시편찬송도 즐거이 외웠어. 그리고 초등학교 때는 성경의 스토리를 중심으로 교육을 받았는데, 12세가 되어서는 일주일에 한 번씩 하이델베르크 요리문답을 공부하면서 네덜란드 교회 역사도 배웠단다. 선생님들은 시간이 날 때마다, 시편과 여행에 관련된 노래, 나라

* 네덜란드는 11월이 되기 시작하면 해가 급격히 짧아져서 오후 5시가 넘어서는 한밤인 듯 어두워진다.

의 역사에 대한 노래를 부르자고 청했는데, 그때마다 우리는 즐겁게
불렀어."

"중학교 때는 모든 성경을 집중적으로 배웠단다. 그리고 그것의 요약
을 가지고 공부했지. 선생님들은 우리에게 질문했고, 우리는 대답을
해야 했어. 모든 선생님들이 아침마다 성경 이야기를 하는 특별한 시
간이 있었어. 만약 독일어 수업이 1교시에 있었다면, 독일어 선생님은
성경을 가르친 이후에 수업을 해야 했지. 뿐만 아니라 일반 교회사도
함께 배웠단다. 네덜란드 교회사와 세계 교회사 교과서를 쓴 분이 우
리와 같이 건물을 쓰던 헨드릭더콕학교 교장 선생님이었는데, 이분이
나중에 내 시아버지가 되셨어. (하하) 아주 놀라운 일이지. 시아버지는
일평생을 해방파 교육에 힘쓴 분이란다. 시아버지의 교회사 교과서는
캐나다에도 번역이 되어 출간될 정도로 완성도가 있었어."

해방파 교회의 학교 교육은 별 특별한 것이 없었다. (생명 과학과 역사
를 제외하고) 기독교의 관점으로 모든 학문을 재해석해서 무엇인가 전혀
새로운 교과서를 제시하지도 않았다. 그저 선생님들이 교재를 걸러 학
생들이 좋은 교육을 받게 하는 데에만 노력했다.

'신칼뱅주의'라고 불리는 신학에서는 이 인류가 가는 길이 하나님의
역사로 열려 간다는 것을 굳게 믿는다. 신칼뱅주의를 대표하는 사상가
아브라함 카이퍼는 "인류의 발전을 부정하는 것은 역사 속에 일하시는
하나님을 무시하는 것"이라고 그의 책 《일반 은총》에서 경고했다. 모든

것을 부정하고 급격하게 기독교적 혁명을 하는 것에 대해 신칼뱅주의자는 큰 흥미가 없었다. 급격한 변화와 혁명은 하나님을 모르는 자들의 무지에서 오는 것이라 생각했다.

그러하기에 아이들의 교과서도 일반 교과서의 모든 부분을 부정할 필요가 없었다. 소위 세속적 교과서도 하나님이 하신 교회 밖의 일을 잘 설명한다면 문제 될 것이 없었다. 하지만 하나님의 섭리와 은혜를 부정하는 역사책은 반드시 자체적으로 제작되어야만 했고, 교육 과정 가운데 아예 빠져 있는 성경, 찬송, 교리 등은 반드시 교육 과정 속에 새로 편입되어야만 했다.

해방파 교회 아이들은 학교에서 교회 생활에 필요한 찬송가를 배웠다. 시편찬송가는 멜로디가 단순하고 가사를 거의 시편의 내용 그대로 가져오는 경우가 많았다. 시편찬송의 특징은 하나님과 인간 사이의 아주 깊은 관계의 내용을 담는다는 데 있다. 시편은 마냥 '인간사가 단순하게 하나님으로 인하여 기쁘다'고 이야기하지 않는다. 괴로운 시절 응답하지 않으시는 하나님에 대한 간절함도 나타난다. 또한 악한 자 아래에서 고통을 겪고 있는 그리스도인들의 심정도 나타나고, 상황이 나아지지 않더라도 하나님을 붙들고 버틴다는 식의 내용도 나온다. 시편찬송은 인생이란 쉬운 것이 아니고 하나님도 단순한 분이 아니라는 점을 분명히 밝힌다.

해방파 성도들은 아이들에게 유아세례를 주는데, 이때 교회 목사는 부모에게 몇 가지를 묻는다.

"먼저, 당신은 우리의 자녀가 죄 중에서 잉태되었고, 죄 안에서 출생했고, 그러하기에 모든 종류의 불행, 심지어는 하나님의 심판까지도 받는다는 것을 알고 계십니까? 그러나 우리의 아이들이 그리스도 안에서 성령으로 정함을 받았기에 이 교회의 회원으로 세례를 받아야 한다는 것도 믿으십니까?"

"야(ja)!"(네덜란드어로 '네')

"둘째로, 당신은 이 기독교 교회에서 사도신경 속에 요약되고 가르쳐지는 구약 성경과 신약 성경의 교리를 참되고 완전한 구원의 교리라고 고백하십니까?"

"야(ja)!"(네덜란드어로 '네')

"셋째로, 당신이 아버지와 어머니로서 당신의 자녀에게 기독교적 삶의 방식을 가르치고 가장 (아이가 의미를 이해할 수 있는) 빠른 시일 안에 이 아이가 세례를 받은 것이 어떤 의미인지를 가르치고 이해할 수 있도록 (다른 기관에서) 교육하는 것을 약속하시겠습니까?"

"야(ja)!"(네덜란드어로 '네')

한국 교회의 유아세례는 부모가 진심으로 아이의 유아세례에 참가

하고 아이들을 믿음의 자녀로 양육할지에 대해 질문한다. 하지만 해방파 교회에서는 아이가 태어날 때부터 하나님의 언약 속에서 태어난 사람이라는 것을 인정하는지 묻는다. 그리고 이것에 기반하여 아이를 최대한 일찍부터 교육할 것인지 묻는다.

해방파 교회는 이 기반 위에 서있다. 아이가 언약의 자손으로 확정받았음을 부모가 고백하고, 이 고백대로 아이들을 가르치는 학교에서 학교 교육이 진행되었던 것이다. 19세기 아브라함 카이퍼가 이끌었던 네덜란드 개혁파 교회는 일반 교육도 영적인 것이라고 보았다. 아이들이 어떤 교육을 받느냐에 따라 영적인 것에도 영향을 끼친다고 믿고 있었다. 만일 이들이 아이들을 일반 초등학교에 보낸다면, 그 학교에서 아이들은 태어날 때부터 하나님의 언약 백성이라는 것을 배울 수가 없었다.

티네커의 온 가족은 이런 믿음을 공유하고 있었기 때문에 최선을 다해 이런 교육을 시키고자 했다. 이들에게 중요한 것은 학교가 갖춘 시설도 아니고, 학교가 얼마만큼 재정을 갖추었는가도 아니었다. 내가 믿는 바로 이 결정적인 진리가 과연 다른 사상과 비교하여 명확하게 가르쳐질 수 있는가 하는 것이었다. 티네커의 학교에서 아이들에게 시편찬송, 교회 역사, 교리 공부를 강하게 시킨 이유도 여기에 있었다. 아이들의 신앙은 결코 촛불과 같이 잠깐 불탔다가 꺼지지 않는다는 강한 신념이 부모들에게 있었다.

이런 신앙 고백을 공적 교리로서 강하게 선포한 교단은 해방파 교회뿐이었다. 아이들은 일주일에 한 시간 하이델베르크 요리문답을 교회 목사님으로부터 배웠다. 교리 교육은 몇 주간 받는 우리나라의 세례 교육과는 달랐다. 해방파 학생들은 무려 12세부터 17세까지 교리 교육을 받았다. 아이들은 이 시간을 통해 소위 '골수' 해방파 신도가 될 수 있다. 물론 딱딱한 교리 교육*은 학생들에게 쉽지 않았다. 티네커는 쓰린 기억을 어렵사리 끌어왔다.

"나는 네게 이런 이야기를 꺼내기가 싫단다. 하지만 이야기를 해볼게. 내가 아주 좋아한 목사님이 계셨어. 아주 머리가 좋으셨지. 우리 교회 목사님이시라 정기적으로 심방도 해주셨어. 그런데 이 목사님이 우리 교리 교사가 되셔서 나는 이 교리 교육 시간을 무척 기대했단다. 그런데 수업 분위기가 너무나도 딱딱했었어. 학생들과의 관계 속에서 무엇을 이해하고 모르는지를 도무지 알 수가 없었어. 가르쳐 주시는 내용이 머리에 맴돌기는 했지만 가슴으로 들어오지는 못했고, 수업을 이해하지 못한 학생들은 수업을 끝까지 견디기가 어려웠단다. 교실은 질서가 없었고 소리를 치며 노는 아이들도 있었지. 아이들에게 어려울 수 있는 교리를 가르칠 때는 그냥 책을 읽는 식으로는 제대로 전달이 되기가 어려웠던 거야. 나는 선생님이 가르치는 방식이 너무 딱딱하고 교실 분위기도 나빠서 엄마에게 교리 교육을 더 이상 받을 수 없다고

---

* 하이델베르크 요리문답서는 문답식으로 작성되어 있다. 미국 도르트대학교 정재승 교수가 번역한 교리서의 일부를 따왔다.
"제74문: 유아들도 세례를 받아야 합니까?
 답: 그렇습니다. 어른들뿐 아니라 유아들도 하나님의 언약 안에 있는 하나님의 백성입니다. 유아들도 어른들 못지않게 그리스도의 피를 통한 죄의 용서와 믿음을 주시는 성령을 약속받았습니다. 그러므로 유아들도 언약의 표시인 세례를 받아서 그리스도의 교회에 속하게 되고 불신자의 자녀들과 구별되는 것입니다."

티네커가 고등학교 시절 몸담았던 호로닝언 개혁파 학생 클럽

1 연합회 학생 할아버지의 창고 공간에서 모임을 가진 장면
2 휴양회에서 1:1 대화하는 장면
3 뱃놀이 하는 장면
4 학생들이 모여 시편찬송을 함께 부르는 장면
5 토요일 오후 멤버의 집 앞에서 모임 후 단체 촬영

말해 보기도 했지만, 우리 엄마는 그냥 끝까지 참여하라고 하셨어."

교육 내용이 좋다고 모든 것이 쉽게 수용되는 것은 아니었다. 교육 내용 못지않게 그것을 쉽고 재미있게 가르치는 것도 중요했다. 교사가 많은 걸 아는 것이 수업에 있어 필요조건은 될 수 있어도 충분조건까지는 되지 못했다. 12세의 티네커는 항상 좋은 성적을 거둔 똑똑한 학생이었음에도, 교사의 가르치는 방식은 아이들을 위해 전혀 준비되지 못했다. 티네커는 5년간 그 목사님의 '교리 교육'에 시달리는 바람에 매우 힘들었다. 하지만 학교에서 받은 교리 교육을 바탕으로 17세가 되어 교회에서 자신의 신앙을 고백할 수 있었다. 우리로 치면 입교를 한 셈이다. 입교 교육은 교회의 교리 교육반 친구들과 함께했다. 항해를 좋아하는 목사님은 입교자들을 모두 데리고 항해를 떠났다. 푸른 호수에 그림과 같은 멋있는 보트를 타고 한껏 여유와 자유를 만끽하는 시간이었다. 그들의 신앙고백은 한국의 다소 형식적인 신앙고백과는 달랐다.

"신앙고백은 진정 하나님을 나의 주님으로 고백하고, 내가 하나님의 자녀로서 말씀에 순종하고 살아갈 것을 스스로 고백하는 시간이란다. 하나님에 대한 신앙이 확실하지 않으면 계속해서 공적인 고백의 시간을 미룰 수 있고, 누구도 그 시간을 강제하지는 않았어. 개혁파 신앙에 대한 교육은 충분히 받으면서도 신앙고백을 할지 말지는 전적으로 개인에게 달린 문제니까."

6. 유대인 안경잡이로 놀려도 나쁘지 않아!

티네커는 8살 때 어머니에게 충격적인 고백을 했다.

"엄마… 나 더 이상 학교에 가지 않을 거예요…."

"티네커, 이게 지금 무슨 말이니? 잘 다니던 학교에 가지 않는다니?
학교에서 무슨 문제라도 있는 거니?"

"음… 칠판에 있는 글자가 아무것도 보이지 않아서 더 이상은 공부할
수가 없어요."

"아하! 티네커, 네가 이제 안경이 필요한 때가 되었구나! 엄마랑 안경
하나 맞추러 가보자. 안경을 쓰고 나면 칠판이 아주 잘 보일 거야!"

그리고 티네커는 별명을 얻게 되었다고 한다.

"친구들은 안경 쓴 나를 놀리곤 했어. 내 별명은 '유대인 안경잡
이'(Brillen Jood)였단다. 하하!"

처음 안경을 쓰고 사진을 찍은 티네커, 사진 우측이 티네커.

　당시 해방파 교회는 칠판이 잘 보이지 않았던 티네커와 같이 자신의 교단이 영적으로 우월하다고 여기는 영적 근시를 가지고 있었다. 당시 해방파 신도들은 타 교단에 대하여 아주 신중한 태도를 취하다 못해 때로는 타 교단 사람들을 구원받지 못할 사람이라고 생각하기도 했다.

　이런 분위기가 교단 안에서 형성되자 해방파 성도들의 교제는 해방파 교회 안으로만 한정되기 일쑤였다. 교리에 대한 분명한 입장 차이로 교회가 분리되었기 때문에, 해방파 교회 안에는 진리를 택한 스스로에 대한 자부심과 비진리를 택한 다른 교단에 대한 경계심이 공존했다. 사실 이런 교단의 분위기는 교단 성도들이 많은 일을 할 수 있도록 도왔다. 신념을 따라 어려움의 길을 걷기로 한 사람들은 마음에 열정이 타오르고 있었고, 계속해서 찾아오는 어려움들은 이들의 열정을 지켜 주는 불쏘시개의 역할을 해주었다.

　해방파 교단은 네덜란드에서 항상 소수자들의 교단으로 인식되고 있다. 하지만 그들은 각 지역에 교단의 크고 작은 초등학교들을 가지고 있을뿐더러, 전국 9위 규모의 일간지를 발행하는 신문사도 설립했다. 교단 신학교, 직업 교육 학교, 응용 학문을 가르치는 대학교도 이 교단에 속해 있다. 이 교단의 정당인 기독연합(Christen Unie)은 150석 정원인 네덜란드 하원 의회에서도 다섯 석 내외를 차지하고 있다. 지난 정부 교육부 장관이었던 아리 슬롭(Arie Slob)도 이 정당 소속 정치인이다.

티네커의 유년기는 해방파 교회 성도라는 강한 정체성을 세워 나가는 시간이었다. 이미 그의 할아버지 대에서부터 교단의 색이 분명한 학교를 세우고 싶은 강한 열망이 있었다. 해방파 성도들은 가만히 있는 사람들이 아니었다. 나치와 맞붙어 싸웠고, 동의할 수 없는 신학적인 차이에 대해 목소리를 높였다. 그리고 이들은 자신의 신앙적 양심을 묵살하는 총회에 반발하여 스스로 해방을 외쳤다. 막연히 참고 인내하고 때를 기다리는 것은 이들이 믿는 신앙과는 달랐다.

티네커는 이런 역사적 배경 속에 처음 세워진 해방파 학교의 첫 학생이 된 것이다. 준비된 것은 별로 없었지만, 해방파 성도가 갖추어야 할 신앙 교육을 확실하게 받으며 해방파라는 서클 멤버가 되는 시간이었다. 그 시절을 추억하는 티네커는 당시 다른 학교의 학생들의 조롱도, 열악한 학교 시설도 문제가 안 되었다. 시편찬송과 성경과 해방파 교회 역사 그리고 교리를 배울 수 있었다는 것이 중요했다. 전쟁 통에 태어난 아이에게 필요했던 것은 배부른 가정 환경이 아니었다. 아버지를 다섯 살에 여읜 아이, 놀림 가운데 학교를 다녔던 아이에게도 매일을 살기 위한 영적 양식이 필요했다.

칠판이 보이지 않아 학교에 가기 싫었던 티네커는 좋지 않은 시력 탓에 주위의 조롱하는 듯한 사람들의 시선을 덜 느끼고 자랐을지도 모른다. 영적 거장 클라스 스킬더와 같은 학교의 선배들이 자신의 등굣길을 지켜 주고, 길게 줄지어 학교로 걸어가는 대열 속 티네커는 큰 고민 없이 다른 교우들과 함께 매일 발걸음을 옮길 수 있었다. 나쁜 눈이 꼭 나쁜 것만은 아니었다.

칠판이 보이지 않던 티네커는 어머니로부터 안경을 받고서 다시 학교생활에 흥미를 느껴 갔다. 비록 '유대인 안경잡이'라는 별명을 얻었지만 말이다. 이런 티네커에게 마치 안경처럼 봐야 할 것을 보게 해주는 한 사람이 나타났다.

7. 그토록 꿈꿔 왔던 여교사가 되는 길

티네커는 스물두 살의 나이에 결혼했다. 이때는 1967년으로 전 세계가 '해방'이라는 단어 아래 기치를 들었던 때였다. 당시 네덜란드 정부는 우리나라와 비슷하게 산아 제한 정책을 폈었다. 교회는 아이들을 '하나님께서 주시는 것'이라고 믿었지만, 정부는 아이를 '가지게 되는 것'이라고 이야기했다. 그때는 베이비부머(baby boomer)들이 성인이 되던 때였다. 따라서 무조건 아이를 낳아 기르는 것이 좋은 게 아니라고 가르쳤다. 아이도 중요하지만 과도한 출산으로 인한 산모의 건강 악화에 대한 염려를 말했다.

60년대 네덜란드는 이촌향도 현상이 많았다. 사람들은 광활한 초지에서 목가적으로 일하기보다 도시의 공장으로 와서 일하기 시작했다. 너무도 급격한 사회적 변동이 있었다. 티네커는 이 시절 흐로닝언이라는 큰 도시에서 교원 대학교(Kweekschool, 한국어로 '모판 학교')를 졸업하여 옆에 있는 작은 도시인 델프제일(Delfzijl) 여교사로서의 커리어를 시작했다.

티네커는 학창 시절 공부를 잘했다. 가난했지만, 어머니는 과부가 되어 네 명의 자녀를 둔 탓에 시에서 약간의 장학금을 받았다. 미국에

사는 낸시도 티네커의 공부를 위해 자금을 보내 주어 큰 무리 없이 학업을 마칠 수 있었다. 그러나 문제는 티네커가 고등학교를 졸업하고 난 이후의 진학 문제였다. 티네커는 초등학교 교사가 하고 싶었다. 초등교사는 굳이 고학력을 필요로 하지 않았다. 교사를 하기 위해서는 직업 학교에 가야만 했다.

흐로닝언에는 개혁파 직업 학교가 없었다. 그렇지만 흐로닝언과 150km 떨어진 엔스헤데(Enschede)에는 전국에 유일한 개혁파 교원 대학교가 있었다. 이미 그녀의 언니가 그곳에서 공부를 하고 있었다. 그 학교는 야간 학교여서 학생들은 낮에 일하고 밤에 공부했다. 언니는 낮에 정육점에서 일했고, 저녁에 공부를 했다. 집에는 6주 만에 올 수 있었다. 언니는 홀로 외롭게 고군분투하며 공부했다. 티네커의 어머니는 티네커가 언니처럼 그렇게 고생하는 것을 원치 않았다.

티네커는 교원 대학교를 포기하고 대신에 2년간 해방파 고등시민학교(Hogereburgerschool)에 가서 공부했다.* 그 학교는 흐로닝언 최초의 해방파 고등시민학교였다. 그래서 우리로 따지면 특수 목적 고등학교나 인문계 상위권 고등학교였다. 네덜란드의 상위 20% 학생은 고등시민학교에 진학할 수 있었다. 이 학교에서 6년간 공부하고 나면 의학, 법학, 신학 등 이론적인 고등 연구를 할 수 있는 학교에 갈 기회가 주어졌다.

티네커의 어머니는 딸의 진학에 있어서 크게 고민하는 것이 없었다. 가난한 가정 환경에서 네 명의 아이를 키워야 하는 엄마라면 누구나 고

---

* 티네커는 직업 전문학교에 먼저 진학을 하고, 졸업 후 해방파 고등시민학교로 들어갔다. 티네커는 직업 전문학교에서 아주 좋은 성적을 거두었다. 직업 전문학교에 진학한 이유는 그 학교가 해방파 학교였고 부대 비용이 적게 들었기 때문이다.

민할 것 없이 아이가 빨리 취업하여 집의 경제적 부담을 덜기 원했지만, 티네커와 어머니는 직업을 최우선으로 고려하지 않았다. 반드시 '해방파' 학교를 선택하고 싶었다. 다른 학교에 간다는 것은 상상도 할 수 없었다.

교단의 고유한 색깔로 교육하는 방식은 이미 1860년대 후반부터 거의 70년간 준비되어 온 것이었다. 네덜란드의 개혁주의 교회는 부모가 교육의 주권을 가지고 있다고 이야기하지만, 그렇다고 부모 개인의 의견을 교육에 반영시켜 다양한 개성이 두드러진 학교를 만드는 것은 개혁파 부모나 아브라함 카이퍼와 같은 지도자들이 바라는 바가 아니었다. 이들이 바라는 것은 교단의 신앙 원리를 따라 교육하는 학교의 설립이었다.

부모들은 교육 연합체를 만들어 임원을 뽑고, 임원들은 학생들 집에 가서 교육 상태와 가정 환경을 살피고, 학교에서 교사들을 뽑을 때는 시범 수험을 하고 교사를 선발했다. 부모는 교육을 주도하지만, 직접적인 교육을 제공하지 않았다. 교육은 기본적으로 선생님으로부터 제공되었다. 그리고 교회의 목사님과 부모가 학교 교육이 어떻게 되는지를 관찰했다. 교육 내용에 관한 모임이 있을 때 저녁에 함께 모여 이야기했다.

티네커는 홈 스쿨링(home schooling)을 하는 사람에 대해 들어 본 적도 없고, 그 일은 너무나도 어려운 일일 것이라고 말했다. 학교에 가지 않는 학생들에게는 경찰이 집에 찾아와 왜 학교에 가지 않는지를 물었기 때문이다. 부모 교육의 주권은 아이를 자신의 신앙 양심에 합하는 학교에 보낼 수 있고, 그런 학교를 만들 수 있는 자유와 관계 있는 것이다.

GEREFORMEERDE H.B.S. GRONINGEN   MAART–1962

GEREFORMEERDE H.B.S. GRONINGEN   FEBRUARI — 1963

GEREF. KWEEKSCHOOL GRONINGEN   FEBRUARI 1965

고등학생, 교육 대학생 시절의 티네커

"나는 클로터 스쿨(kleuterschool, 만 4세에서 6세까지 가는 유치원)에서 기초적인 것을 배웠단다. 그리고 초등학교 6년을 보내고 나서 뮬로(Mulo)에 입학해 4년을 다니고, HBS라고 불리는 고등학교에 편입했지. 이 학교에서 2년간 배웠는데, 이 학교는 연구를 중점적으로 하는 대학교에 가기 위한 가장 어려운 고등학교 코스였단다."

뮬로에 다니는 동안 티네커는 교단의 캄테인(Kaptein) 목사에 대한 이야기를 듣게 되었다. 캄테인 목사는 흐로닝언의 목사였다. (당시에는 해방파 교단이 없었고 아브라함 카이퍼가 세운 교단에 속한 네덜란드 개혁 교회들이 개혁파의 대표적인 교회들이었다. 네덜란드가 해방되기 1년 전인 1944년에 해방파 교단이 새로 생겼다.) 이 목사님은 나치의 국가사회주의에 극렬히 반대하는 사람이었다. 국가사회주의는 독일인들의 인종적 우세를 내세우고, 반유대주의, 자유 민주주의, 의회 시스템 등을 무시했다. 독일 인종의 우월성을 우상처럼 숭배하며 다른 이들을 자신들의 지배하에 두고자 하는 것이 국가사회주의였다.

네덜란드는 국력은 없었지만, 깨어 있는 신앙인들이 있었다. 흐로닝언의 젊은 캄테인 목사가 대표적인 사람이었다. 나치의 삼엄한 압제 속에서도 그는 교회에서 국가사회주의에 대항하는 설교를 담대하게 했다. 결국 그는 나치의 엄혹한 감시망을 피할 수 없었다. 나치는 프락치(fraktsiya)들을 통해 캄테인 목사의 비판적인 설교를 찾아냈고, 캄테인을 아우슈비츠(Auschwitz)와 같은 다하우(Dachau) 강제 수용소로 보냈다. 그리고 1942년 8월 8일 캄테인 목사는 결국 거기서 사망하게 되었다.

물론 다른 목소리도 있었다. 특별히 해방파 교회로 갈라지기 전, "권세에 순복하라"고 하는 로마서 13장 말씀에 따라 나치에 순종해야 한다는 이들도 있어 교회 내에는 긴장이 있었다. 그러나 교회가 갈라진 1944년 해방파 목사들은 담대했다.

네덜란드 개혁파 교회 성도들은 이런 신앙 선배들의 이야기를 듣고 자랐다. 신앙의 선배들은 유대인들을 보호했고 나치에 대항했다. 해방파 노인들을 만나 부모님에 대해 물어보면 십에 팔구는 나치에 저항하며 피신했던 과거의 이야기를 들을 수 있다. 이들은 자기 교회의 목사가 눈앞에서 나치 수용소로 끌려가 생을 마감했고, 이런 물결에 참여하지 않는다고 이상한 사람 취급받는 교회 분위기를 겪기도 했다. 다수가 나치에 굴복한 상황에서 소수인 해방파 신도들은 소신을 지키고 싸워왔다. 그렇기에 자신의 진로를 소신껏 택하는 것도 이 교단에서는 그리 이상할 것이 없었다. 하나님 앞에서 자신이 결단한 대로 목숨도 아끼지 않는 사람들이 주변에 가득했다.

티네커가 교사의 꿈을 지속적으로 지킨 것은 이런 교단의 분위기와 잘 맞아떨어지는 것이었다. 티네커가 교사를 시작했던 1960년대의 네덜란드는 교사의 지위가 그리 높지 않았다. 우리나라로 따지면 전문대 정도를 졸업하면 교사가 될 수 있었기 때문이다. 하지만 티네커는 평범한 교사를 준비하는 사람들과는 다르게, 실제 대학교에서 신학이나 역사학, 철학과 같은 순수 학문을 공부할 수 있는 수준의 지적 수준을 가지고 있었다. 소위 멋있어 보이는 일들을 할 수 있는 자격을 갖추었지만 티네커는 줄곧 여교사가 되길 원했다.

티네커와 장차 그의 남편이 될 빌럼에게 큰 영향을 준 흐로닝언 해방파 교대 교장 선생님.
그의 수업에서의 철학적인 이야기는 오직 티네커에게만 흥미를 불러일으켰다.

"나는 드디어 내가 그리던 교육 대학에 갈 수 있게 되었단다. 내가 예
비대학학교(HBS)를 2년 다닌 후에 흐로닝언에 해방파 교대(kweekschool)
가 생겼거든. 엄마는 감사 기도를 올렸지. 우리 학교 이름은 '알베르투
스 제일스트라(Albertus Zijlstra)'라는 학교였어.* 이 학교는 아주 작은 학
교였단다. 고작 13명의 학생이 있었고, 몇 명 있었던 선생님들은 모두
파트타임으로 일하는 분들이었어. 교장 선생님만 정직원이었지. 당시
나는 예비 대학 과정을 다니다 왔기 때문에 친구들에게 눈칫밥을 좀
먹었어. 친구들보다 더 어려운 것들을 공부하고 이 학교에 들어왔기
때문이란다. 이 학교는 비공인이었고 정부에서 재정을 지원받지 못해

---

* 알베르투스 제일스트라는 1874년생으로 교사이자 네덜란드의 정치가였다. 그는 1901년부터
1940년까지 반혁명당의 신문인 〈더 스탄다르트〉(De Standaard)의 정치부 기자로 활동했다. 그는
반혁명당원으로 주로 교육 관련된 이슈로 정치 활동을 했다.

서 방학 때마다 모금을 하러 다녀야 했어. 시험도 학교 자체의 시험보다는 더 어려운 국가시험을 봐야 했었지."

티네커는 마침내 '여교사'가 될 수 있는 직업 전문학교에 진학했다. 그러나 소위 '먹물'들에게는 수준 낮은 직업학교라고 놀림도 많이 받았다. 학생이 13명밖에 없는 보잘것없는 학교였기 때문이다. 그러나 티네커의 선택에는 더 이상의 고민이 없었다. 티네커의 가족 또한 해방파 교회의 아이들을 위해 헌신할 준비가 되어 있었다.

그러나 티네커와는 다른 길을 걸었던 해방파 신도들도 있었다. 티네커는 교단 내의 교육 대학교에서 교단을 위한 교육을 하고자 했지만, 어떤 이들은 교단의 정체성을 가지고 교단 외부의 세계에서 영향력을 행사했다. 한 세대를 풍미했던 해방파의 엘리트 전사들이 그 예이다.

개혁주의 철학계의 거봉 '산더 흐리피운(Sander Griffioen)', 현재 캄펀 신학교 총장으로 역임하고 있는 19세기 이후 네덜란드 개신교 및 해방파 역사 연구의 권위자 '조지 하링크(George Harinck)', 해방파 교단이 주축이 되어 국회의원을 다수 배출한 기독교 연합 정당(Christen Unie)의 당수(黨首)를 했고 전직 캄펀신학교 총장이었던 '룰 카이퍼(Roel Kuiper)', 개혁주의 미술 역사를 정리하고 개혁파 미술 이론을 구축해 보고자 했던 용장 '빌럼 메이어(Willem Meijer)'가 바로 이들이다. 이들은 모두 해방파 대학교에 진학하지 않았다는 공통점이 있다.*

* 연구를 중심으로 하는 해방파의 대학교는 캄펀에 위치한 캄펀신학대학교가 유일하다. 캄펀신학대학교는 신학을 가르치는 작은 대학교이지만, 이론적인 연구에 특성화되어 있다는 특성 때문에 대학교로 인정받고 학술적으로도 유럽 신학계에서 명성이 높다.

교육 대학은 개교 당시 인원이 13명밖에 되지 않은 비인가 학교였다.
사진에서 13명은 학생이고 2명은 교사이다. 뒷줄에 가장 키가 작은 학생이 티네커

교생 실습 중인 티네커와 어린 초등학생들

산더 흐리피운은 암스테르담 자유대학교에서 철학을 공부해 42년 3개월 동안 동 대학 교수로 봉직했다. 그는 약 25년간 강력한 개혁파 신앙을 중심에 두고 중국 유교 철학을 공부하며 한자로 성경을 묵상하는 '괴물 철학자'라고 할 수 있다. 조지 하링크 역시 암스테르담 자유대학교에서 역사학을 전공하여 19세기 네덜란드 개신교 연구에서 독보적 퍼포먼스를 보여 주고 있다. 그는 역사 신학자가 아니라 교회 밖에서 역사를 공부한 '역사학자'이다. 마지막으로 빌럼 메이어는 흐로닝언에 있는 미네르바미술대학에서 미술을 전공하여 해방파적 사상을 기반으로 해방파 밖에서 현대 미술의 허구성을 날카롭게 비판하며, 개혁파 미술 관점 설립이라는 전대미문의 고된 작업을 일평생 했다.[*]

이들은 티네커와는 다르게 해방파 밖의 교육 기관에서 학문을 갈고 닦았다. 이들은 해방파 밖에서 해방파와 다른 세상의 경계를 분명히 만드는 일을 했다. 과연 무엇이 해방파적인 사상들인지를 말하며, 해방파의 세계관으로 세상을 설득하려 했다. 이들은 해방파에 뿌리를 두고 해방파 밖에서 치열하게 살아온 소위 '개혁파 전사들'이었다.

---

[*] 빌럼 이전에 이런 작업을 했던 연구가로는 암스테르담 자유대학교의 룩 마커 교수가 있다. 룩 마커 교수의 연구는 총신대학교의 안용준 교수가 논문으로 한국에 소개한 바 있다. 룩 마커와 빌럼은 자주 편지를 주고받았다.

해방파의 전사들 중 한 사람인 빌럼 메이어는 티네커의 남편이다. 그의 공식적인 이름은 빌럼 로데베이크 메이어(Willem Lodewijk Meijer)였고, 프리슬란드 주 지도자(Stad houder)의 이름을 따서 지었다. 빌럼은 아주 엄한 아버지 아래 자랐다.

"빌럼의 아버지는 철저하게 여자가 남자 뒤에 있어야 한다고 믿는 분이셨단다. 물론 자식도 아버지 말에 토를 달아서는 안 되었지. 빌럼은 아버지와 평상시에는 이야기를 잘 나누었지만 의견이 달라 충돌할 것 같으면 말을 아꼈어. 왜냐하면 빌럼의 아버지는 빌럼이 자신과 다른 생각을 하는 걸 그리 좋아하지 않으셨기 때문이야. 그래서 빌럼은 사실 아버지와의 진지하게 대화하는 걸 어려워했고, 스트레스도 많이 받았단다. 그는 부드러웠지만 독립적으로 사고하는 사람이었지."

"빌럼의 아버지는 아주 확실한 분이셨단다. 나치 아래에서도 아이들을 개혁파 정신으로 가르치는 일에 어떠한 타협도 없었지. 전쟁 통에서도 아이들을 위한 네덜란드 교회 역사 교과서를 쓰셨고, 일반 성도들과 청소년을 위한 성경도 쓰셨어. 어른들도 그 성경을 아주 사랑했지. 그리고 아버지는 교회에서 받아들이기 힘든 가르침이 있을 때 항상 교회의 당회와 교단의 총회에서 문제를 제기했단다. 빌럼은 항상 집 거실에서 아버지가 교회에 대한 어려운 이야기를 하시면서 자신에게 의견을 물어보시는 이런 상황이 늘 편하지만은 않았어.”

어린 시절 빌럼(애칭으로 '빔'이라고 불리기도 함)은 항상 그림을 그리는 아이였고, 그림을 잘 그렸다. 빌럼이 그리는 그림은 주변의 사람들이 기꺼이 돈을 지불하고 살 정도로 아름다웠다. 그는 예술이 사람들의 생각에 막대한 영향을 끼친다고 생각했지만, 그 누구도 성경에 근거하여 예술을 평가하거나 진정한 예술이 무엇인지에 관하여 이야기하지 않음에 대해 어릴 적부터 의구심을 가졌다. 그런 의구심을 풀어줄 만한 교육을 하는 개혁파 학교는 네덜란드에 없었다.

그는 집 근처에 살고 있는 티네커에게 교사 교육을 시켰던 학교의 교장 선생님 반 에슈(Van Esch)와 자주 진지한 대화를 나누었다. 반 에슈는 철학을 가르치는 사람이었다.

“그 교장 선생님은 빌럼과 대화를 나누고 나면 항상 빌럼에게 많은 것을 배웠다고 이야기 했단다. 빌럼은 아버지와 다르게 그 선생님과는 많은 대화를 할 수 있었어. 선생님은 빌럼의 이야기를 많이 들어 주는 사람이었지.”

대화의 주제는 미술과 아브라함 카이퍼의 '영역 주권'에 관한 것이었다. 빌럼은 끝내 미술을 공부하고자 네덜란드 최고의 미술 학교 중 하나라 할 수 있는 흐로닝언 미네르바미술대학에서 미술을 공부하게 되었다.

> "빌럼은 아주 훌륭한 학생이었어. 미네르바학교에서도 아주 탁월한 실력을 보여 주어 그 학교에서 나중에 미술 역사 교사[*]가 되어 보라는 제안을 받기도 했지. 그는 '미술은 하나님께서 주신 것'이라는 주장을 학교에서도 거침없이 했단다. 그럼에도 그는 기존 미술 역사와 이론에 관해서 아주 탁월한 식견을 가지고 있었어. 서양 미술은 성경 없이 이해할 수 없어서 학교 교사가 빌럼에게 많은 것을 물었고 빌럼은 막힘없이 대답했어. 빌럼의 의견은 다른 이들에게 이상하게 들렸지만, 그의 논리만큼은 아주 정교했어. 그는 일반 대학교였던 미네르바대학교에서도 인정을 받는 사람이었단다."

빌럼은 개혁파적 강한 정체성을 가지고 있었다. 이런 정체성을 가지고서 개혁파가 아닌 학교에 간 것이다. 미술이라는 영역은 기독교 개혁파 내에서 생소한 영역이었다. 그를 가르치는 사람들도 기독교인이 아니었다. 그의 스승은 디더릭 크라이풀(Diederik Kraaijpoel)[**]이라는 미술가

---

[*] 네덜란드에서는 정교수만 '교수'라고 부르고, 부교수 및 나머지는 '교사(docent)'라고 부른다. 빌럼은 교사로 부름을 받았다.

[**] 디더릭은 암스테르담에서 태어나 흐로닝언에서 미술 활동을 지속했다. 그는 화가이자 작가 그리고 미술 정책에 대한 책들을 많이 발행했다. 빌럼의 생전에 《모든 것은 예술이 아니다》(*Niet alles is kunst*)라는 책을 공저하기도 했다.

집필에 열중하고 있는 빌럼, 1974년.

였다. 미술 하는 이들은 대개 강한 개성을 가지고 있었기에, 빌럼도 기독교적 정체성을 가진 상태에서 자신만의 기독교 미술 이론을 펼쳐 나갔다.

> "어느 날 빌럼의 대학 강사(교수)에게서 전화가 왔단다. 미네르바를 위해 강사가 되어 달라는 제안이었지. 그의 선생님도 미술에 있어서 성경의 중요성을 잘 알고 계셨고, 《모든 것은 예술이 아니다》(*Niet alles is kunst*)라는 책을 레오나르도 알란(Lennaart Allan)과 셋이 함께 공저하기도 했거든. 이 책의 초판은 순식간에 매진되었고, 2쇄가 출판되었단다. 교회 밖에 있는 사람들도 빌럼의 책을 많이 읽었을 거야."

《모든 것은 예술이 아니다》는 포스트 모더니즘이 확산되면서 '어떤 것도 예술이 될 수 있다'라는 주장을 비판하는 아주 날카로운 책이었다. 빌럼은 이미 그의 나이 30대 때부터 《미술과 혁명》, 《미술과 사회》 등 굵직한 미술 역사서들을 저술했을 정도로 실력이 있었다. 하지만 그는 자신의 이름을 더 낼 수 있는 미네르바학교에서 가르치는 것을 원치 않았다. 그는 개혁파 영역 안에서 일하고 싶어 했다. 개혁파 밖에서는 복음의 칼을 들고 싸우는 역할을 하기 원했고, 안에서도 미술 세계가 주는 위험에 대해서 교회가 눈을 부릅뜨고 지켜보도록 하는 노력을 거듭했다.

아브라함 카이퍼가 설립했던 암스테르담 자유대학교에는 철학과 미술 역사를 가르치는 한스 로크마커(Hans Rookmaaker, 1922-1977) 교수가 있었는데, 빌럼은 이 한스 교수와도 서신을 통해 많은 교제를 했다. 그런데 한스는 박사 학위를 취득하고 대학교 교편을 잡은 반면, 빌럼은 학위에는 별 관심이 없었다.

"빌럼은 자신이 하고자 하는 공부를 하려고 했단다. 학위를 위해서 교수의 지도를 받아 어떤 것을 하기에는 인생이 짧다고 하더구나."

그의 생각을 다 담아내기에 빌럼의 인생은 그리 길지 않았다. 빌럼이 이를 젊은 시절부터 알았는지는 모르겠지만, 그는 시간을 아끼기 위해 최선을 다했다. 그는 기본적으로 미술이라는 곳은 치열한 영적 전쟁터라는 생각을 가지고 있었다.

"빌럼은 기본적으로 미술은 사탄의 세력도 존재하는 곳이라고 믿고 있었어. 그는 사람들이 박물관 같은 곳에서 미술을 보고, 미술이 주는 영향을 그대로 받는 것에 대해 비판적으로 생각했단다. 악한 정신의 영향을 받는다면 그것이 사람의 영혼에 말을 한다고 생각해서, 잘못된 영향에 대해서는 성경 말씀을 무기로 싸우라고 했지. 그래서 어떤 미술을 받아들이고, 어떤 미술을 거부해야 하는지 설명해 주고자 했어. 안타깝게도 교단 내에서 그런 일을 하는 사람은 드물었단다. 특히 철학과 미술계에 사람이 많이 필요했는데, 빌럼의 아버지가 약간의 저술을 한 것이 다였지."

티네커와 빌럼은 매우 강한 개혁파 신앙을 가진 사람이었다. 이들의 생활에는 개혁파의 정신이 가득 깃들어 있다. 개혁파의 가장 큰 특징은 삶을 개혁파의 원리 안에서 통일시킨다는 것이다. 이들은 개혁파의 원리로 모든 삶을 의도적으로 개척해 나가며 개혁파의 강한 공동체를 만들어 가기 위해 열심을 내었다.

티네커와 빌럼은 그들의 굳건한 뿌리를 해방파 교회에 두었다. 빌럼이 학생이었을 때는 해방파 학교가 없었기에, 가정과 교회에서 해방파의 정체성을 굳게 형성했다. 해방파 교회는 해방파 교회 자체에 목숨을 걸지 않았다. 해방파가 지켜 나가야 할 신앙 원리에 목숨을 걸었다. 이런 정체성에 기반으로 하여 세속의 교육 기관에서도 기독교 세계관으로써 학업을 해나간 것이다.

다른 해방파 성도들도 이러한 초기 자기 집단 구축에 모든 힘을 쏟았다. 어떤 이들은 해방파의 전투 진지를 구축하기 위해 빌럼과 같이 노력했다. 이런 노력은 약 1850년대부터 대략 100년 이상 열정적으로 꾸준히 진행되어, 해방파 성도들은 비로소 참된 개혁 교회를 세울 수 있었다. 물론 그 중에 합의되지 않은 신학적 소견으로 인해 교회가 분열된 적도 여러 번 있었다. 그러나 티네커의 학창 시절인 1950-1960년대는 요컨대 분열의 고통을 감내하고 교단이라는 강한 성벽을 쌓은 시절이라고 할 수 있을 것이다.

9. 말할 거예요, 티네커, 우리 이제 사귀어요

50~60년대 해방파 교인들은 해방파 이외의 사람들과 결혼을 생각하기가 어려웠다. 지금은 그렇지 않지만 티네커의 청년기에 그것은 아주 당연한 일이었다. 다른 교단의 사람과 결혼하는 것은 상상도 하지 못했다. 큰 교단에서 소위 '컴플레인(complaint)'이 접수되지 않아 분리되어 나올 수밖에 없었던 교단 성도들의 고통은 이해할 만했다. 티네커가 결혼했던 1960년대에는 소수자로서 다수에 대항하여 뭉쳐진 이들의 결속력은 보통이 아니었다.

이런 네덜란드 교회는 한국에 다른 측면으로도 알려져 있다. 바로 '가정 예배'로 명성이 높다는 것이다. 가정 예배가 네덜란드 신앙 전수의 핵심으로 자리 잡았다는 것을 여러 신앙 교육 관계자들이 입을 모아 이야기한다. 이런 신앙 교육은 한국인들에게는 '특별한 의식'과 같이 느껴질 수 있지만, 네덜란드에서는 그 뉘앙스가 다양하다.

어떤 집에서는 형식적으로 식사하기 전에 기도하고, 시편찬송을 하나 부르고, 말씀을 나누고서 밥을 먹는다. 또 다른 어떤 집에서는 기쁨과 감사를 가지고 즐거움으로 이런 일을 하기도 한다. 네덜란드에서의 가정 예배는 한국인들이 식사할 때 아버지께서 숟가락을 들기 전까지 밥을 먹지 않는 것처럼 당연한 일이다. 아버지에 대한 예절이 부모 자식 간의 좋은 관계를 보장하지 않는 것처럼, 이런 가정 예배 자체는 자녀들의 신앙을 보장해 주지는 않는다. 권장할 만한 일이긴 하지만, 절대적인 일은 아니라는 것이다.

네덜란드에도 한국 못지않게 교회 안에서 깨진 가정들이 있다. 이런 이야기들은 교회 중직자들이 심방 이후 발설하지 않아 널리 알려지지 않을 뿐이지, 이혼과 가정 내 폭력 그리고 자녀의 신앙적 방황은 해방파가 절정의 전성기를 달릴 때도 늘 교회와 함께 따라다녔다. 아무리 가정 내에서 가정 예배를 잘 드린다고 하더라도, 자녀 중 추악한 죄악 가운데 빠져 있는 경우도 더러 있다. 티네커와 인터뷰하는 중에 가정 예배와 관련해 많은 것을 물어보았는데, 그녀는 가정 예배가 좋기는 하지만, 반드시 해야만 가정이 화목해지는 식의 절대적인 것으로 보지는 않았다.

네덜란드 해방파 교회는 '가정'과 '학교'를 자녀들의 신앙생활을 위한 중요한 기관으로 보았다. 하지만 그것도 일시적이다. 아이가 만 12세가 되면, 아이들은 정서적 독립 준비를 시작하고, 이때부터는 아이들끼리 모임을 시작한다. 네덜란드 아이들도 청소년이 되면 한국의 아이들과 같이 자기 생각대로 살고자 하는 욕구가 강해진다. 이들은 무조건 부모의 말을 따라 공부를 잘하는 아이가 되는 것을 원하지 않는다.

티네커는 한국 사람들 대부분이 소위 '좋은 대학교'에 가려는 노력을 잘 이해하지 못했다. 네덜란드 아이들은 대개 잘할 수 있는 일과 하고 싶어 하는 일이 있을 때, 이런 일들에 대해 누구도 강요하지 않는 분위기여서 직업의 귀천이라는 개념이 서기 어려웠다. '내가 선택했는데 누가 뭐라고 할 것인가?'라는 정서가 네덜란드의 보편 정서라고 해도 그리 과장은 아닐 것이다. 해방파 성도들은 특별히 모두가 같은 꿈에 매달려 분투하는 것에 대해 강한 거부감을 가졌다. 하나님은 모두를 머리 쓰는 일로 부르지 않으셨기 때문이다.

네덜란드의 아이들은 만 12세가 되면 부모와 교사의 대화를 통해 진로를 결정했다. 20% 정도의 아이들은 소위 연구자가 되기 위한 대학교 예비 교육을 받았고, 나머지 20%는 응용 과학을 공부하기 위한 예비 교육을 받았다. 과반수가 넘는 60% 가량의 아이들은 직업 전문 교육을 받고 취업 전선에 뛰어들었는데, 우리로 따지면 60% 가량의 아이들이 예전 용어로 농고, 공고, 상고와 같은 '실업계 고등학교'에 진학하게 된 것이다.

자녀들은 만 18세가 지나면 완전히 독립한 성인으로 인정을 받는다. 이때가 되면 부모는 자녀의 보호자 역할을 마치고, 자녀와 마치 별개의 사람처럼 살아간다. 결혼 이후에도 부모의 말을 듣지 않으면 이상한 분위기가 조성되는 우리나라와는 분위기가 영 다르다. 도리어 부모가 자녀의 결혼에 간섭하거나, 진로나 자녀 계획에 대해 언급하는 것을 상당히 이상하게 생각한다. 말로만 "스무 살이 되면 알아서 살아라."가 아니라, 실제 만 18세가 되면 스스로 알아서 살아야 한다.

이렇게 아이들이 자연스레 독립할 수 있는 데에는 이런 독립을 준비하게 하는 문화가 자리하고 있다. 해방파 아이들은 12세가 되면 신앙적 홀로서기를 준비한다. 교회에서는 이제 부모와 함께 예배 드리는 것을 넘어서 아이들끼리 성경공부 모임을 갖는다.

"내가 12세가 되었을 때, 교회에서는 15~16세의 학생 모임이 있었단
다. 그 모임의 이름은 '작은 소녀들 연합회(Kleine Meisjes Vereniging)'였어.
아이들이 함께 모여 성경공부를 했는데, 아이들의 어머니 중 한 명이
모임의 리더를 맡았어. 이 모임에서는 우선 단순하게 성경 읽기를 했
단다. 그리고 가끔은 작은 책을 같이 만들어 보기도 하고, 간단한 그림
을 그리기도 했지. 이 모임을 이끄는 부모님들은 어떻게 아이들을 가
르쳐야 할지를 잘 아셨어. 그래서 교리를 공부하는 것보다 더 재미있
게 성경에 대해서 배울 수 있었단다. 남학생과 여학생은 따로 모였고,
17살이 되면 개혁파 학생 모임 외에 다른 모임이 조직되었는데, 이 모
임은 지역별로 또 전국 단위로 연결이 되어 있었어."

성인이 되기 전 청소년들은 자신들만의 모임을 가졌다. 모임은 학생
이 돌아가며 인도하였고, 교회에서 모임을 하거나 인도자의 집에서 할
수도 있었다. 이 모임은 결혼을 할 때까지 이어졌고, 결혼을 하게 되면
다른 모임에도 참여할 수 있었다.

"이 모임에서는 조금 더 어렵고 중요한 일들을 했단다. 아이들은 책을
한 권 같이 정해 단원별로 요약하고 정리해서 이야기를 하기도 했고,
모였을 때 자체적인 경건회를 하기도 했지. 항상 시작할 때는 성경을
읽고 찬송을 부르며 하나님께 감사하는 시간을 가졌어. 어떤 친구는

찬송을 골라서 가지고 오기도 하고, 성경을 읽다가 잠시 쉰 이후 시를 같이 읽기도 했단다. 성경공부를 마치면 다같이 재미있게 놀기도 했지. 초등학생 때같이 부모님이 모임을 인도해 주시는 것이 아니라, 우리가 자체적으로 조직을 꾸리고 모임을 끌기 시작했던 거야. 이 모임에 《바른 발자취》(*In Rechte Sporen*)라는 잡지가 있었는데, 여기에는 성경공부에 대한 정보, 삶에 대한 주제, 연합회의 소식 등이 있었어. 청소년들을 돕는 잡지였던 거지."

이 모임은 영적 성장을 돕기도 하지만, 결혼할 상대를 만나게 해주는 장이 되기도 했다. 티네커도 청년들의 모임에 참석할 18세가 되었을 때, 큰소녀연합회와 학생연합회 두 개의 클럽에 가입을 하게 되었다. 흐로닝언의 학생연합회는 총 105명이었는데, 105명은 7개의 모임으로 나뉘어져 모였고, 3주에 한 번씩 토요일에 모였다. 여기서 티네커와 빌럼은 소위 결혼 적령기의 커플 사이에서만 튄다는 그 '불꽃'이 튀었다.

"우리 교회의 7개의 모임을 주관하는 총 리더가 바로 빌럼이었단다. 이 모임은 더 이상 성경에 대해 이야기하는 모임이 아니었어. 기독교적인 세계관을 가지고 교회 밖의 세상에 대해 논의하는 시간이었지. 다양한 친구들이 왔는데, 어떤 학생들은 대학교에 다니고 있었고, 어떤 친구들은 직업학교에 다녔어. 나는 그 모임을 아주 좋아했단다."

당시 해방파 성도들은 소위 기독교 세계관에 대해서 진지한 태도를 가지고 있었다. 해방파 기독교 세계관의 핵심은 '같은 믿음을 공유하는 공동체를 추구'하는 것에 있었다. 기독교 세계관은 이런 그룹의 구축에 힘을 쏟는다. 소위 기독교적 철학을 가지고 독고다이 식으로 살아가는 것은 그들이 이야기하는 기독교 세계관이 아니었다. 서양 세계가 한국보다 개인주의적인 것은 부정할 수 없는 사실처럼 보이지만, 개혁파 교회는 결코 그런 집단이 아니었다.

"나는 아주 평범한 한 여학생으로 좋은 가정적 배경이 없었단다. 우리 아버지는 이미 돌아가신 지 13년이 지났는데, 빌럼의 아버지는 초등학교 교장 선생님이었고 교단의 역사 교재까지 쓸 정도로 명성과 실력이 있는 분이었어. 빌럼은 소위 해방파 청년들의 리더로서 여러 모임을 순회 방문했어. 그러던 중에 우리 집에서 열린 그룹 모임에도 방문한 적이 있는데, 모임을 마친 후 나는 빌럼이 우리 모임에서 성경을 두고 갔다는 것을 알게 되었어. 빌럼의 성경을 폈는데, 여기 저기 밑줄이 쳐져 있고 많은 메모들이 적혀 있더라고. 우리 아버지의 성경과 비슷했지. 누가 봐도 성경을 사랑하는 사람의 성경이었어. 하나님을 사랑하고 성경에 집중하는 빌럼의 모습에 큰 감동을 받았단다. 그래서 이렇게 벌써 청년들의 리더로서 유명한 사람이 되었구나 싶었지. 순간 내가 저 높은 지위에 있는 집에 가서 성경을 가져다줄 수 있을까 걱정이 되더라."

소녀 티네커는 성경을 돌려주기 위해 빌럼의 집으로 갔다. 빌럼은 학교에 가서 없었고 그의 어머니가 티네커를 반갑게 맞아 주셨다.

"빌럼의 어머니는 나를 정식으로 맡아 주셨어.* 아주 멋지게 차를 대접해 주셨고 따뜻하게 대화를 했지. 빌럼의 어머니는 시를 쓰는 분이셨어. 빌럼의 어머니와 이야기를 나누고 있는데, 마침 빌럼이 집에 와서 나는 빌럼의 방에 들어가 볼 수 있었단다. 그만의 작은 세계였지. 그의 세계는 나의 세계보다 한 차원 높아 보였어."

둘이 첫 대화를 한 이후 빌럼은 개혁파 친구들이 함께 교제할 수 있는 개혁파 주일 오후 친구 클럽을 만들자고 제안했다. 이 모임은 해방파 학생들이 무료한 주일 오후에 즐거운 교제를 하며 지내도록 하는 목적이 있었다. 티네커는 빌럼의 제안에 동의했고, 자연스럽게 주일에 빌럼과 함께하는 시간이 늘어 갔다. 둘은 함께 노래하고 이야기를 나누었다. 또 함께 개혁파 학생 신문에 나갈 기사를 쓰기도 했다. 18살의 평범한 티네커에게 일어난 놀라운 변화였다.

빌럼과 티네커는 주일 저녁 자주 개혁파 친구 클럽에 같이 자전거를 타고 갔다. 티네커와 빌럼은 서로의 믿음에 감명받고 사랑에 빠지게 되었다. 빌럼은 티네커가 하는 이야기에 대해서, 티네커가 관심 가지는

---

* 여기에서 말하는 '정식으로 맡아 주셨다'는 표현은, 네덜란드 격식에 따라 정식으로 차를 대접해 주었다는 뜻이다. 귀한 찻잔에 차를 내오고 간단한 케이크나 쿠키를 곁들이고, 이후 계속해서 조금씩 치즈나 여타 먹을 것을 내와 손님과 즐겁게 대화하는 시간을 가졌다는 것인데, 이런 대접을 해주었다는 것은 진정으로 기쁨을 나누는 사이라는 귀한 증표이다.

주제에 대해서 아주 열정적인 관심을 가졌다. 하나님의 창조에 관해, 하나님에 관해, 세상에 관해 많은 이야기를 기쁨 가운데 나누었다. 빌럼은 티네커를 만난 지 한 달 후 고백을 했고, 둘은 연인이 되었다. 이 둘은 서로 뜨겁게 사랑하기 시작했다. 1960년대 해방파 성도들의 아름다운 사랑의 모습이었다.

"우리는 자주 자전거를 타러 갔단다. 1964년 어느 날, 우리는 호숫가에 가서 같이 커피를 마시며 쉼을 누렸는데, 그때 빌럼이 나에게 사랑을 고백했어. 아주 행복했지. 빌럼과 같이 멋진 사람이 나에게 고백을 하다니! 우리는 그길로 우리 집에 같이 갔고, 나는 엄마에게 빌럼을 소개시켜 주었어. 엄마는 매우 좋아하셨단다."

빌럼이 연애 중에 목탄으로 그린 티네커. 1966년.

연애를 하면 가족들과 함께 시간 보내는 걸 자연스럽게 생각하는 것이 네덜란드의 연애 문화이다. 남자 친구의 가족 혹은 여자 친구의 부모와 아무렇지 않게 바캉스를 떠나고, 남자 친구와 여자 친구는 서로의 집에서 가족들과 즐거운 시간을 보내곤 한다.

"우리 엄마를 만난 다음 날, 나는 빌럼의 부모님을 만나러 갔단다. 그의 부모님과 대화를 나누고 빌럼과 소파에 앉아서 대략 3시간 동안이나 얼굴을 마주보고 대화를 나누었지. 우리는 어떤 존재인지, 어떤 일을 하고 있고, 어떤 일을 해야 하는지에 관하여 이야기하고, 또 정치, 재정, 예술 그리고 어떻게 좋은 기독교인이 되어야 하는지에 대해서도 이야기했어. 빌럼은 중요한 책을 들고 와서 내게 읽어 주기도 했단다. 그리고 우리는 그 책에 대해 대화를 나누었지. 빌럼의 아버지는 배경이 없는 나에 대해 탐탁하지 않게 보시는 것 같았는데, 한참 뒤에 들어오셔서서 아직도 대화 나누는 것을 보고서 감명을 받으시더라고. 빌럼과 4시간 동안이나 진지한 이야기를 하는 것을 보시고는 이내 안심하셨단다."

그들은 연애편지를 주고받고 매주 주말마다 만나 사랑의 감정을 나누었다. 60년이 지난 지금도 티네커는 그 편지를 잘 간직해 두고 있었다. 필자가 일부를 공개해 줄 것을 요청했지만, 둘 만의 이야기를 열고자 하지 않았다.

연애는 두 사람이 서로에게만 충실하겠다고 하는 약속 위에 세워진다. 그리고 둘 간의 연애 기간 동안 결혼을 약속하게 되면, 약혼을 하게 된다. 빌럼과 티네커는 2년을 사귄 이후 약혼을 했다. 약혼은 결혼할 준비가 될 때까지 서로에게만 충실하겠다는 약속의 징표였다. 결혼을 위한 집과 직업이 마련되면 결혼을 하겠다는 서로 간의 약속이기도 했다.

> "우리는 주로 토요일에 만났어. 오후 한 시에 우리 학교가 끝나게 되면 수업을 들었던 아교회(A-Kerk)에 빌럼이 와서 기다렸지. 그 이후 서로의 집에 가곤 했단다. 우리는 서로 편지를 주고받았는데, 전화가 없어서 보통 일주일에 두 번씩 편지를 썼어. 편지는 다음 날 아침에 도착하곤 했지. 우리는 하나님과 함께하는 삶, 그리고 교회에 관하여 많은 이야기를 나누었어. 그리고 같은 책을 읽고서 서로의 비전을 나누기도 했단다. 빌럼은 비기독교적인 환경에서 공부하는 데 어려움이 있었고, 나는 아버지가 없어 삶에 대해 많은 궁금증을 물어볼 사람이 없었기 때문에, 우리는 서로의 이야기를 듣고 대화를 나누며 부족함을 채워 나갔단다. 좀처럼 듣기 어려웠던 교단과 빌럼의 가족관계에 대해서도 들을 수 있게 되었지."

빌럼의 아버지는 항상 교단 신학에 관한 토론과 토의에 바쁘셨다. 당시 해방파 교회는 네덜란드 개혁 교회(NGK)와 한배를 타고 있었는데, 이 두 교단이 갈라서게 된 이유는 구원에 대한 생각의 차이에 있었다. 해방파는 오직 해방파의 교회에만 구원이 있다고 믿었다. 하지만 그 안에 몇몇 목사들은 이에 대해 반대하고 다른 교단의 교회들에도 구원이 없지 않다고 이야기했다. 빌럼의 아버지는 해방파에만 구원이 있다는 쪽이었다.

흐로닝언 남 교회에 있는 스엔 판 데르 질 목사는 해방파의 주류 의견에 대해 1963년 반발 의견을 냈다. 해방파 교회 이외에도 구원이 있다는 주장을 펼친 것이다. 그러자 해방파 총회는 판 데르 질 목사의 정직 처분을 결의했다. 그리고 1966년 이 결정에 반대하는 목사들이 공개서한(Open brief)을 작성했다.

> "너무 끔찍했고, 너무 슬펐어. 학교 친구들 모두 하나를 선택해야 했기에, 친구들과의 관계는 파괴되었고, 약혼자들이 교단의 차이 때문에 헤어지는 경우도 있었단다. 모든 기독 신문들은 이에 대해 다루었고, 서로 싸우기에 바빴어. 엄청난 갈등의 시간이었지. 학교에서 해방파 이외의 길을 택한 선생님들은 학교를 떠나라고 요구받았어. 정말 슬픈 일이었단다."

이 공개서한에는 자신들의 논의를 교단의 총회(synode)에서 다루어달라는 요청이 담겨 있었다. 그러나 이런 바람은 이루어지지 않았다. 이들의 공개서한은 총회에서 다루어지지 않았다. 전형적인 네덜란드 개혁 교회의 분열의 과정을 다시 한번 밟게 된 것이다.

항상 총회는 신학적 질문을 받아왔고 이에 대한 응답을 했다. 그러나 교회의 정치가 복잡하게 얽혀 있을 때, 총회는 신학적 질문에 대한 대답을 꺼렸다. 대표적인 예가 아브라함 카이퍼의 '애통(Doleantie)' 사건이었다. 자유주의 신학이 강하게 불던 1884년 암스테르담 개혁교회에서는 자유주의 교리교사를 거부하는 일이 있었고, 아브라함 카이퍼는 주도적으로 이에 대한 비판을 하였다. 자유대학교 교수로 봉직 중이고 교회의 장로로 섬겼다. 교회는 교회의 분열 이전 정관 개정을 통해 교회의 재산을 지키려 하였고, 카이퍼와 80명의 동조자들은 이 일로 말미암아 교회 위원회 회원 자격을 박탈당한다. 카이퍼는 전통적인 신앙고백으로 회귀를 외치며, 기존 개혁교회를 탈퇴하게 된다. 자유대학교는 이들 교회의 목사양성을 위한 신학교육을 담당하게 되었다. 카이퍼는 공식적으로 이 문제를 총회에 제기했지만, 총회는 카이퍼의 의견을 들어주지 않았다. 이미 카이퍼의 주장에 동참하고 있는 250개 교회는 자신들의 문제 제기가 오랫동안 공개적으로 무시되는 상황에서 더 이상 교회에 머무를 수가 없어, '애통함'을 크게 표하며 기존 교회에서 스스로를 분리시켰다. 현재 해방파 교회가 생기게 된 과정도 이와 같다. 대표적으로 클라스 스킬더가 제기한 아브라함 카이퍼의 '잠정적 중생론(presumtive redemption)'에 대한 신학적인 문제 제기는 총회의 의제로 받아들여지지 못하고 무시당했다. 이에 클라스 스킬더도 해방파라는 교단 이름을 걸고 자신과 뜻을 함께하는 이들과 교단의 문을 나서서 새로운 교단을 세웠다.

빌럼의 아버지는 철저하게 해방파적 교회관을 가지고 있었다. 해방파 이외의 교회를 참된 교회로 보지 않은 것이다. 잠정적 중생론은 아이가 유아세례를 받을 때 완전히 구원 받은 선택된 자녀로 일단 보자는 주장이었다. 하나님의 언약과 관련한 예민한 문제였기에, 빌럼의 아버지는 이 주장에는 동조할 수가 없었다. 당시 빌럼이 다니던 흐로닝언 교회의 빌럼의 입교 교육을 전담하던 목사는 스엔 판 데르 질 목사였는데, 빌럼의 아버지는 공개적으로 기독교 신문 등에 판 데르 질 목사에 대해 문제 제기를 했다. 빌럼의 아버지는 무척이나 엄격했기에 빌럼은 이런 상황이 많이 괴로웠다.[*]

빌럼과 빌럼의 아버지는 한 가족이었지만 분열에 대한 태도를 다르게 가지고 있었다. 빌럼의 아버지는 공개서한을 총회에서 다루는 것이 부적절하다고 생각했다. 그러나 이런 행동은 교회의 총회에서 분열을 야기할 수 있는 것이었다. 빌럼의 아버지는 해방파 신앙을 보다 확실하게 고수하려고 했던 것이다.

사람들이 겪고 있던 다툼과 상처는 그리 아름다운 모습이 아니었다. 가족 내에서도 누구를 따를 것이냐 하는 선택의 압박을 받고서 다툼이 심할 정도였다. 1940년대 해방파 교회는 교리적 원리로 똘똘 뭉친 아주 강한 교회였다. 나치에 무력으로 저항하며 유대인들을 보호하는 시대적 분위기를 끌어가는 모습을 보여 주기도 했다. 하지만 시대적 상황이 달라진 상태에서 자신의 정체성에 대한 지나친 우월주의는 결

---

* 현재 네덜란드는 교단 분리에 대해 많은 반성을 하고 있다. 해방파 교회는 네덜란드 개혁 교회(NGK)를 배척한 것에 대해 2021년 공개적으로 사과하고 두 교단은 다시 하나가 되었다. 교단의 분리는 신학적 차이에 의해서 이루어지지만, 때로는 한쪽의 신학적 편협함과 지나치게 배타적인 분위기가 만들어 내기도 한다. 네덜란드 개혁파에서 교단이 분리되었다는 것은 상대편을 더 이상 진정한 기독교인으로 보지 않는다는 의미이기도 했다. 한 교수는 자신이 어릴 적 사랑하는 여인이 네덜란드 헤르폼드교회(국가 개혁 교회) 출신이었는데, 해방파 교단이 타 교단 사람들은 구원받지 못한 사람들이라고 하는 판단 때문에 결혼할 수가 없자 해방파 교회를 나와 네덜란드 개혁 교회(NGK)로 적을 옮기기도 했다. 도무지 자기의 아내를 해방파 교회에 초대할 수 없다는 것이 이유였다.

국 오류를 만들어 내고 말았다.

"계속해서 교회는 개혁되어야 한다고 생각하는 사람들은 지나치게 자신들의 열정을 쏟아 내어 문제를 만들기도 한단다. 이 공개편지를 쓴 사람들은 다른 측면도 생각해야 한다고 하는 사람들이었어. 여유 있게 해방파 교회의 잘못도 생각해 봐야 한다는 거였지. 하지만 다른 목소리를 듣지 않는 이들은 오히려 개혁에 지나친 열정이 있는 사람들이었어. 창의적인 사람들은 교단 총회에서 주로 환영받지 못했지."

빌럼은 교단의 지배적 입장이 있음에도 불구하고 그 교단 안에서 자신만의 소신을 지켜 내고 있었다. 한 집단에 머문다고 해서 그 집단의 논리에 무조건 순복하는 것은 아니라는 것을 보여 준 것이다. 그는 어릴 적부터 해방파를 사랑했지만, 해방파가 추구하는 바를 무비판적으로 따라간 사람은 아니었다. 그는 스스로 생각했고 그 생각을 이야기하는 사람이었다.

"빌럼은 사람들과의 토론을 통해 생각을 키워 나가는 아버지와 달리, 천천히 책을 읽으며 항상 심각하게 상황을 연구하고서 입장을 정했어."

티네커의 엄마도 빌럼의 아버지와 비슷했다. 그녀는 토론을 그리 좋아하는 분이 아니었고 '아멘'을 요구하시는 분이었다. 학식이 뛰어났던 빌럼의 아버지와는 다르게 초등교육만 마치셨지만, '그 시대의 해방파' 성도의 폐쇄적인 모습을 가지고 계셨다. 학력은 한 사람의 신앙의 성격을 결정하지 않았다. 오히려 전쟁 통에 신앙의 이름으로 격렬한 싸움을 한 세대가 공통점을 보여 주었다.

1960년대 네덜란드 해방파 성도의 연애는 지금과 그리 다르지 않았다. 빌럼과 티네커는 같이 자전거도 타고, 잠시 쉬며 커피도 마시면서 대화를 즐겼다.

"우리는 약혼을 하고 열 달을 기다렸어. 빌럼은 계속 미술 공부를 하고, 나는 교육 대학을 졸업하고서 델프제일(Delfzijl)에 있었거든. 어릴 적부터 누군가 나의 꿈에 대해서 물어보면 나는 '여교사'라고 대답할 정도로, 정말 내 일에 만족했어. 아주 많은 것을 느꼈지. 여교사의 삶은 너무도 고됐지만, 그럼에도 일어날 힘을 주는 일이었단다."

티네커와 군 복무 중인 빌럼. 당시 티네커와 빌럼은 약혼 중이었다. 1964년 여름 빌럼의 집 옥상에서.

티네커는 해방파 기독교 학교에서 일했다. 2022년 현재 우리나라에는 '기독교 대안 학교'라는 이름으로 많은 학교들이 있다. 어떤 학교는 선교를 목적으로, 어떤 학교는 기독교적으로 가르치고자 세워졌다. 그런데 기독교 사립 학교는 기독교 대안 학교가 아닌 일반 학교이다. 이 학교는 채플과 기독교

수업을 할 수 있다. 교목실이 있기도 하다. 기독교 정신으로 어느 정도 학교가 운영된다고 볼 수 있다. 하지만 이런 학교를 설립하기 위해 갖추어야 할 조건은 까다롭다. 그리고 기독교적으로 교육하기는 하지만, 모든 학생들에게 성경과 찬송 그리고 기독교 역사를 가르치기란 사실 쉬운 일이 아니다.

네덜란드 기독교 학교는 이와 다르다. 학교가 크건 작건 설립 요건은 크게 까다롭지 않다. 또한 학교의 종교적 신념에 따라 학생을 가르칠 수 있는 자유가 있다. 이런 종교적 특수 교육의 자유는 1860년대부터 시작해 약 60년간의 투쟁 끝에 얻어 낸 것이다.

네덜란드의 공교육은 프랑스 나폴레옹의 사촌 루이 보나파르트 (Lodewijk Napoleon Bonaparte)가 네덜란드를 지배하던 1800년대 초반부터 시작되었다. 루이와 네덜란드 자유주의(liberal) 엘리트들은 네덜란드의 공립 학교를 세워 민주주의에 걸맞은 사람들로 기르고자 했다. 민주주의의 핵심 중 하나는 투표권을 가진 시민이 직접 통치자를 뽑는 것이다. 아무나 투표권을 주면 좋은 지도자를 선출할 수 없기에, 투표권을 가진 사람은 일정 교양을 갖추어야 한다는 것이 자유주의 엘리트들의 생각이었다. 이들은 기본적으로 이성에 기반한 자유주의적 사상의 배경 없이는 시민들의 참여로 운영되는 참된 민주주의는 어렵다고 보았다. 그리고 시민들의 의식이 성장할 때까지는 자신들과 같은 자유주의 엘리트들이 사회를 이끌어야 한다고 믿었다.

그러나 흐룬 판 프린스테러르라는 개혁파 정치 지도자는 그런 생각에 동의하지 않았다. 그는 모든 학교가 자유주의의 원칙하에 운영되어야 한다는 자유주의자들의 주장이 옳지 않다고 보았다. 아브라함 카이퍼는 더 나아가서, 기독교인들은 하나님께서 주신 양심이 있고 성경과 교리를 알기에 시민으로서 투표권을 행사하기에 무리가 없다고 주장했고, 기독교인이라면 모두 투표권을 행사할 수 있어야 한다고 주장했다. 더불어 흐룬은 특별히 기독교 학교와 일반 학교에 대해 재정적으로 차별하는 정부의 정책에 반대했다. 이러한 흐룬의 뜻에 동의하는 이들이 1859년 암스테르담에서 '기독교 국가 학교 교육'이라는 단체의 첫 모임을 가졌다. 이 모임은 아브라함 카이퍼를 만난 이후 더욱 힘을 받았다.

카이퍼는 흐룬의 뜻을 이어 받아 기독교 학교 교육을 공식화하기 위해 모인 '기독교 국가 학교 교육' 단체 내에서 활동했다. 그는, 교육은 영적인 것이기에 믿음의 아이들은 반드시 기독교 교육을 받아야 한다고 믿었다. 그리고 국가가 힘으로 획일적인 교육을 강제하는 것을 '압제'로 규정했다. 카이퍼는 당시 헌법 23조였던 표현의 자유를 무기 삼아 부모가 자녀들의 교육 내용을 자유롭게 선택하는 것에 대해 자유를 보장해야 한다고 외쳤다. 이것이 카이퍼가 정치에 입문하게 된 계기다. 카이퍼는 이 문제로 60년 동안 씨름했고, 그가 죽기 4년 전에 극적으로 수정된 기독교학교법이 통과되었다.

티네커가 가르친 학교의 첫 건물은 아주 멋있었고, 국가는 부모들의 교육의 자유를 보장했다. 학교의 교사는 총 3명, 교장 선생님 1명과 일반 교사 2명이었다. 학생을 가르치기 위해서 교사는 몇 개 학년을 동시에 가르쳐야만 했다. 델프제일에 거주하는 해방파 성도의 숫자는 그리 많지 않았다. 따라서 수백 명이 다니는 공립 학교와 달리 수십 명만 학교에 다녔다. 하지만 이들은 '대안' 학교도 아니고, '비인가' 학교도 아니었다. 정식으로 정부가 보증하는 졸업장을 발급받는 '공식' 학교였다. 티네커는 교사 생활에 대해 술회를 털어놓았다.

"나는 델프제일이라는 도시에서 여교사로 일했어.* 아주 신나게. 내가 아주 어릴 적부터 꿈꿔 왔던 일이거든. 쉽지 않은 환경이었지만, 기쁨으로 그 일들을 감당했단다. 홀로 작은 방에서 지내야 했고, 학교에서 온 에너지를 다 쏟아 일하고서 집에 들어오면 지쳐서 잠깐 동안 잠을 자야 했지만, 정말 보람찬 경험이었어."

티네커는 학교에서 하나님을 가르쳤다.

"매일 학생들에게 예수님에 대해서 이야기했단다. 아이들에게 어떻게 기도를 해야 하는지, 무엇이 기도인지도 가르쳤지. 아이들은 선생인 나에게 마음을 열고서 고민을 이야기하기도 하고 어려움을 이야기하기도 했어. 그러면 우리는 어려운 친구들을 위해 함께 손을 잡고 동그랗게 둘러 앉아 기도해 주곤 했지. 또 아이들과 함께 시편찬송가를 가르치는 것도 내게 아주 즐거운 일이었단다. 내가 리코더로 멜로디를 가르쳐 주면 아이들은 가사에 맞춰 노래를 부르곤 했는데, 무엇보다 아이들의 그 맑은 목소리가 참 좋더라고."

* 네덜란드에는 여교사와 남교사를 일컫는 각기 단어가 있다. 여교사는 '유프라우(juffrouw)'라고 불렸다.

티네커에게 기독교 학교란 자신의 신앙을 듬뿍 담아 학생들을 가르치는 그런 공간이었다. 하지만 학교는 작고 교사는 적어서, 티네커는 6, 7세 반을 함께 맡아야 했다. 6세반은 15명, 7세반은 12명인 아이들을 두 그룹을 나누고 성경 이야기와 음악 수업 같은 경우는 합반으로 운영했다. 어쩔 때는 세 그룹으로 나누기도 했는데, 교실의 한 부분에서 가르칠 때 다른 그룹의 학생들은 자습을 했다. 그녀가 학급 운영에 있어 가장 중요하게 생각하는 것은 '좋은 학급 분위기'였다.

"우리는 기독교 학교였지만 문제가 영 없었던 것은 아니었단다. 아이들 사이에 갈등도 있었고 아이들과 선생님 간의 문제도 있었지. 내가 이야기한 학급 분위기를 좋은 분위기로 만드는 건 느낌 차원의 일이었어. 말로 다 설명할 수 없는 그런 느낌을 만들어 가야 했지. 그래서 때로는 엄하게 학생들을 다루기도 했고, 때로는 자유롭게 학생들을 풀어 주기도 했단다."

"아이들 중에는 간혹 떼를 쓰고 울거나 자신의 화를 통제하지 못하는 아이들도 있었어. 그런 아이들을 위한 의자가 교실 한편에 있었지. 자신의 감정을 주체할 수 없는 아이에게는 일단 그 의자로 가서 앉으라고 이야기했단다. 우리는 그 의자를 '침착 의자(afkoel stoel)'라고 불렀어. 거기에 우선 앉아서 울고불고할 거 다 하고 나면, 내가 가서 이야기를 들어 주겠다고 했지. 그렇게 아이가 스스로 의자에 가서 앉아 감정이 사그라들면, 그때 아이의 이야기를 듣고 아이의 문제를 해결해 주었단다."

기독교 학교는 부모가 자녀의 학교를 선택할 수 있도록 허락해 주기는 했지만, 학교에서는 도무지 받을 수 없는 학생들도 있었다.

"내가 감당할 수 없는 두 아이가 있었단다. 한 아이는 의자에 앉지 못하는 아이였어. 너무 산만해서 앉았다 일어나는 행동을 계속 반복했지. 이 친구 때문에 다른 친구들은 집중할 수가 없었어. 나조차도 어찌할 도리가 없었지. 이 친구는 결국 이런 친구들을 제대로 지도해 줄 수 있는 특별 교사가 있는 학교로 전학을 갔단다. 또 다른 한 친구는 귀가 들리지 않는 청각 장애 학생이었어. 아무것도 따라 할 수가 없었지. 그 학생은 여학생이었는데, 부모가 아주 강력하게 해방파 교단 학교에 아이를 보내고자 했어. 하지만 그 학생이 우리 학교를 계속 다니는 것은 나에게도, 다른 학생들에게도, 그 청각 장애 학생 본인에게도 어려움을 주는 일이어서, 이 학생도 끝내는 청각 장애인 학교에 가게 되었단다."

교장 선생님의 일 처리 방식도 티네커와 차이가 있었다. 교장은 아이들에게 화를 잘 내는 사람이었고 일을 즉흥적으로 하는 사람이었다. 반면에 티네커는 정돈된 환경에서 계획적으로 일을 수행해 갔고, 문제가 있는 아이들도 일정한 규칙으로 통제했다. 감정이 격해져 때로는 매를 대는 교장 선생님과는 달리 티네커는 아이들이 화가 날 때 아이들이 움직일 수 없도록 꽉 안아 주었고, 감정이 자제되고 나면 문제에 대해 대화로 풀고자 했다.

"여교사가 되기 전에 이렇게 기독 교사가 어려운지 몰랐단다. 하지만 나는 정말 좋았어. 아이들의 아름다운 목소리, 특히 아이들이 노래하고 기도하며, 책을 읽고 뛰어노는 그런 소리가 참 좋았지. 아이들과 마음을 나누며 교제하는 것도 너무 좋았고, 아이들과 함께 성경을 읽는 것도 잊지 못할 즐거움이었단다."

티네커는 인상 깊은 한 아이와의 이야기를 전해 주었다.

"학교에서 공부를 참 어려워하는 아이가 있었어. 이 아이는 네덜란드에서 태어났지만 거의 네덜란드 말을 하지도 못했고, 읽지도 못했어. 그 용감한 아이는 집에서 큰아들이었고 농장에 살았는데, 혼자 자전거를 타고 정류장에 가서 자전거를 세워 두고 델프제일에 있는 학교까지 와야 했지."

"학교에서 그 아이는 한마디 이야기도 하지 않았어. 그 아이는 흐로닝언에서 온 친구였는데, 흐로닝언에서는 예전부터 이어져 오던 흐로닝언어가 있어서 흐로닝언어로만 이야기할 수 있었던 거야. 어느 날 그 아이가 화장실에 가고 싶어 했는데, 네덜란드 말을 할 수 없어서 매우 난처해하고 있었단다. 다행히 내가 흐로닝언어를 할 수 있어서 아이와 대화를 했지. 아이는 아주 행복해했고, 그때부터 나를 선생님으로 신뢰했단다.

'네가 하는 이야기는 내 어머니가 주로 하시던 내게 아주 자연스러운 언어란다. 걱정마라.'

"나는 이 아이를 위한 우체통이 되기로 했어.* 아이 집의 문을 열 수는 없지만, 아이의 우편함에 어떤 메시지를 넣는 것은 가능했지. 내가 그 친구의 아버지와 어머니가 사용하신 흐로닝언 언어를 사용한 이후에 아이는 나에 대한 두려움이 사라졌단다. 나는 교육에서 서로 간에 두려움이 없고 사랑과 믿음의 기반을 갖는 것이 무엇보다 가장 중요하다고 생각해. 그렇게 아이는 신뢰와 사랑이 쌓이다 보니, 결국 빨리 네덜란드어를 깨쳤단다."

티네커의 여교사 생활은 짧게 마무리되었다. 당시 네덜란드 개혁파 성도는 결혼을 하면 여성이 하던 일을 그만두는 것이 일반적인 문화였기 때문이다. 그것은 일반적인 사회 분위기였다. 꿈을 이뤄 살아간 것은 아주 잠시였지만, 그녀에게는 더할 나위 없는 행복한 시간이었다.

"나는 울었어. 아주 끔찍하고 슬펐거든. 내가 왜 그 일을 그만해야 하는지 이해할 수가 없었단다."

---

* 대부분의 네덜란드의 우편함은 집의 출입문에 있다. 집의 출입문 앞에 구멍을 뚫고 철제 우편 통로를 만든다. 그렇지 않은 경우는 정원 앞에 작게 우편함을 세워 두기도 한다.

제2부

빌럼과의 결혼

1. 티네커의 소박한 결혼 '없으면, 없는 대로'

티네커와 빌럼은 약혼을 하고 10개월 후인 1967년 10월 10일에 결혼하였다. 결혼을 하면 곧바로 교사 생활을 그만두어야 했지만, 티네커는 빌럼과의 결혼이 더 중요했다. 네덜란드 사람들은 결혼을 위해 부모님께 돈을 받지 않는 것이 일반적인 문화이다. 하객들 또한 축의금같이 금전적으로 축하를 표하지 않는다. 이런 검소한 문화 덕에 예비 신랑신부는 많은 하객을 초대할 수 없고, 결혼식은 소박하게 치룰 수밖에 없다. 네덜란드가 부국이 된 오늘날도 별반 다를 것이 없다.

"결혼식은 아주 단순했단다. 돈이 거의 없어서 무엇을 할지 고민했지. 일단 나는 결혼을 위한 비싼 드레스는 사지 말자고 했어. 거리의 옷 가게에서 마음에 드는 옷을 덜컥 사버렸는데, 아주 내 몸에 딱 맞더라고. 하나님께 참 감사했단다. 내가 가진 돈으로는 옷을 구매하기 어려웠는데, 하얗고 아름다운 드레스를 살 수 있었으니 말이야. 그런데 우리 엄마는 결혼식을 하는데 상의도 없이 옷을 골라버렸다고 많이 속상해하시더라고. 나도 엄마에게 너무 죄송했고…"

"11시쯤 양가의 모든 가족들이 엄마 집에 오셔서 같이 커피도 마시고 선물도 교환했단다. 우린 1시에 흐로닝언 시청에서 행정적 결혼식을 하고, 오후에는 한 식당에 가서 델프제일에 있는 내 초등학교 제자들과 간단한 식사를 했어. 이후 빵을 곁들인 가족 식사를 하고, 저녁 7시 교회에서 예배를 드렸지. 모든 행사는 밤 9시가 되어서야 마쳤단다."

티네커와 빌럼의 결혼사진, 앞으로 그들에게 어떠한 일이 있을는지 그들은 알지 못했다.

결혼식 후 부부는 새로운 집으로 갔다.

"우리는 결혼식에 택시를 한 대 빌려 두었었어. 남편 빌럼은 분명 하얀 택시를 예약해 두었는데 검은 택시가 와 있더라고. 미술을 전공하는 남편은 바뀐 자동차 색깔을 보고 화가 났지. 예식에서 설교를 한 목사님의 설교도 그리 인상 깊지 못했단다. 하필이면 설교해 주신 목사님은 내가 그리도 어려워했던 입교 공부를 시켜 주신 딱딱했던 목사님이었거든. 그래도 우리는 무사히 결혼했고, 결혼한 지 25년이 지나고 새롭게 우리의 결혼을 위한 성경 구절을 정했단다. 그 구절은 빌립보서 4장 6-7절이야."

아무것도 염려하지 말고 오직 모든 일에 기도와 간구로, 너희 구할 것을 감사함으로 하나님께 아뢰라. 그리하면 모든 지각에 뛰어난 하나님의 평강이 그리스도 예수 안에서 너희 마음과 생각을 지키시리라 _ 빌 4:6-7

빌럼은 분명 멋진 남자였지만, 사도 바울이 이야기한 것처럼 '육체의 가시'가 많은 사람이었다.

"남편은 몸이 좋지 못했단다. 두통이 많고 아주 말랐었어. 우리 엄마도 그이의 건강을 걱정했지만, 결혼하고 나면 좋아질 거라고 기대했지. 남편이 직업도 없고 미래도 불투명했지만, 우리는 서로를 돕고 따뜻하게 안아 주며 가정을 세워 나갔어. 결혼은 우리 삶에 많은 즐거움을 주었고, 결혼 이후 남편의 건강도 조금 좋아졌단다. 우리는 그렇게 델프제일(Delfzijl)에서 신혼살림을 시작했고, 빌럼은 토요일마다 미술을 가르치는 자리를 얻었어."

티네커는 결혼한 이후에도 1년간 학교에서 교장을 할 수 있는 자격
증을 교육 대학에서 따고 싶었다.

"그런데 시아버지는 나에게 결혼 이후에는 모든 것을 중단하라고 말
씀하셨어. 우리 엄마는 계속 공부를 하라고 하셨지만, 나는 결국 학교
교사로서의 진로를 마무리하고 공부를 하지 않았단다. 결국 아이 다
섯을 낳고 나서야 그 공부를 다시 할 수 있었지."

티네커 메이어는 해방파에 몸담은 여인이었다. 그러나 개혁파 신앙
을 가지고 있다고 해서 결혼 이후 무조건 양가 부모님의 말을 따르는
것만이 개혁파 신앙의 고백은 아니었다. 결혼을 하고 나면 자녀는 독립
을 하고, 그때부터는 독립적인 한 가정의 단위로 살아가기 때문이다.
빌럼의 아버지는 엄했지만, 티네커 · 빌럼 부부의 인생에 개입할 수는
없었다. 이들은 22살과 25살의 어린 부부였지만, 엄연히 독립된 한 가
정이었다.

2. 하나님께서 주신 복, 자녀는 내게 행복을 주는 존재

티네커가 첫 아이를 출산했던 60년대에는 평화, 성 평등, 여성 권리, 권위의 해체, 인종 차별 철폐 등이 사회적 이슈였다. 보수적인 사회였던 네덜란드에서 피임약과 피임 수술이 처음으로 소개되었다. 그러나 사회 전체적으로 아이들을 많이 가지는 것은 그리 이상한 분위기가 아니었다. 티네커가 있던 교회에서는 매년 아이를 가지라고 설교했었다.

"그런 상황 속에 있었지만, 나는 아이가 축복이라고 생각했어. 감사의 제목이라고 생각했지. 그리고 교회는 아이들로 성장하는 기쁨이 있었단다. 빌럼도 확실하게 '아이는 하나님의 복'이라고 생각했어. 그리 복잡하게 생각할 게 아니었지. 빌럼은 기력이 다소 약했지만, 하나님은 우리에게 많은 아이들을 주셨어. 결혼한 지 1년이 채 되지 않은 1968년 10월 3일 우리에게서 첫 아들이 태어났단다. 나는 신자라면 피임을 하지 않는 것이 좋다고 생각했고, 일찍 임신하는 게 좋다고 생각했어. 하지만, 22살의 어린 나이에 임신하는 것이 과연 좋을지 하나님께 묻곤 했단다. 나의 유일한 사명이 아이를 낳는 것뿐인가 하고 생각했지."

교회에서는 새로운 부부가 결혼 후 1년 내 임신을 하는 것을 기대했다. 그리고 마침내 티네커는 임신을 했다.

"빌럼은 내 눈을 보고 내가 임신한 것을 알아차렸어. 내가 임신 사실을 알리기도 전에 내 눈을 보니 임신한 것 같다는 이야기를 했었지. 그런데 나는 사실 첫 임신 때 가정의 재정과 남편의 건강에 대한 두려운 마음이 컸단다. 빌럼의 건강은 좋지 않았고, 벌이도 시원치 않았거든. 지금이라면 내가 일을 하고 빌럼에게 공부를 하라고 이야기했을 텐데, 그때는 내가 일하겠다고 이야기할 분위기가 아니었어."

염려 가운데 임신이 지속되었지만 아이가 태어나고 나서 분위기가 달라졌다. 티네커는 첫 아이를 낳고 걱정이 씻은 듯이 사라지는 신비한 경험을 했다.

"첫째 아이 다비드가 태어났을 때의 장면이 아직도 생생하단다. 나는 정말 행복했어. 아이가 생겼다니! 아무 이유 없이 그저 좋더구나. 돈 문제는 보이지 않는 저쪽 한편으로 밀려나고, 아이가 너무나 사랑스러웠단다. 나는 그저 아이를 계속 바라보기만 했어."

티네커는 아이를 목요일에 출산했다. 그리고 아이는 태어난 그 주 주일에 유아세례를 받았다. 산모는 집에 있고 아이만 아버지와 잠시 외출해 교회에서 세례를 받았다. '태어난 지 가장 가까운 주일에 아이는 유아세례를 받는다.' 이것이 해방파 교회의 전통이었다. 남편이 아내에게 세례 문답을 읽어 주었고, 아내는 남편에게 '예'라고 대답했다.

아이를 낳고 행복했지만, 삶은 삶이었다. 가난했던 두 부부의 몸부림이 시작되었다.

"당장 우리는 아이 옷을 사 입히는 것부터 신경 써야 했단다. 내 첫 월급으로 샀던 재봉틀로 아이의 옷을 만들어 주었지. 다른 것은 모두 만들어 줄 수 있었는데, 신발은 재봉틀로 만들 수가 없었어. 아이들 신발은 너무 비싸서 사줄 때마다 너무 힘들었단다. 재정이 항상 부족했지. 그래도 괜찮았어. 우리 부부는 항상 가성비를 따지고 절약하며 물건을 사는 습관을 가지고 있었거든. 남들이 다 한다는 수영도 하지 않고, 스포츠도 한 적이 없었어. 전쟁 이후 가난한 사람들이 많아서 우리의 이런 절약이 어색하지 않았단다."

티네커는 다섯 자녀를 양육할 때 3가지 큰 원칙을 가지고 있었다. 이 원칙은 네덜란드어로 "RRR"이라고 불린다.

1) 편안함(Rust) 2) 청결함(Reinheid) 3) 규칙적(Regelmaat)

아이들을 키우는 것도 자신만의 원칙하에 진행되었다. 아이는 자기 방을 가져 편안하게 자야 했고, 매일 깨끗한 옷을 입으며 몸도 청결해야 했고, 사용하는 그릇과 컵도 깨끗해야 했다. 또한 규칙적으로 시간 보내는 것을 중요하게 생각해서, 아이가 아기일 때는 모든 스케줄을 4시간 간격으로 조정했다. 6시부터 4시간 간격으로 아이들에게 밥을 먹였다. 그리고 저녁 10시가 되면 잠을 재웠다. 티네커는 아이들이 어릴 적에 아이들을 양육하던 기억을 구체적으로 풀어내 주었다.

"편안함과 관련해서, 우리 집은 평화가 있는 집이 되도록 노력했단다. 우리는 함께 노래하는 것을 좋아했고 서로 좋은 관계로 살아가고자 했지. 그리고 규칙에 관해서, 우리는 먼저 시간을 정했단다. 아이들은 취학 연령이 되기 전에 점심을 먹자마자 두 시간 가량 낮잠을 잤고, 4시가 되면 함께 차를 마셨고, 또 하루에 한 번씩은 꼭 산책을 했지. 아이 어릴 때부터 유모차에 태워서 집 밖으로 나와 걸었어. 아이들과 함께 장을 보러 가기도 하고…"

네덜란드 아이들도 여타 아이들과 같이 떼도 쓰고 악을 쓰기도 했다.

"아이들도 다양한 감정을 가진 존재들이란다. 무조건 아이들이 떼를 쓸 때 아이들이 화가 났다고 생각할 필요는 없어. 아이들도 슬플 때가 있고, 무서울 때가 있고, 아플 때가 있거든. 나는 아이가 분노하며 우는 것에 대해서만 좋지 않다고 이야기했어. 부모는 그 차이를 아이의 작은 배를 보고도 구별할 수 있지. 그땐 아이들의 좋은 성품을 길러 주기 위한 생각을 해야만 했단다."

또한 티네커는 네덜란드인들의 전형적인 육아 철학이라고 할 수 있는, 아이들이 스스로 무엇인가를 할 수 있도록 도왔다. 티네커는 항상 아이들과 붙어 놀아 주는 것이 그리 좋은 육아 방식은 아니라고 말했다. 아이가 4살이 되어 유치원에 가면 아이는 스스로 옷을 입고 벗어야 하며, 화장실도 스스로 갈 수 있어야 하기 때문이다. 이런 것들은 교사가 대신 해주지 않는다.

"아이들에게 옷과 음식을 해주고 함께 기도하는 것은 아주 필요한 일이란다. 하지만 모든 시간을 아이와 보내야 한다는 건 내 육아 철학과는 맞지 않았어. 나는 아이들에게 잠깐 집안일을 하고 오겠다는 이야기를 자주 했어. 아이들에게 엄마는 엄마의 세계가 있고 아이에게도 아이 나름대로의 세계가 있다는 것을 알려 주는 거지. 엄마는 아이들만을 위해 존재하지 않는다는 것을 아이들도 알 필요가 있거든. 또한 아이들도 자신들만의 삶을 살아가야 한다는 것도 알려 줄 필요가 있단다."

티네커는 아이들의 신앙 교육에 있어서는 네덜란드의 신앙 교육을 따랐다. 그리 특별하지는 않지만 소박한 아름다움이 있었다.

"아이가 태어난 첫해에는 아이에게 찬양을 불러 주었단다. 아이가 자라면서 나는 아이들의 수준에 맞는 성경을 읽어 주고 아이와 같이 기도도 했어. 나만의 작은 의자에 앉아서 같이 책도 읽고 차도 마시며

'아멘'을 가르치기도 했지. 하루에 세 번 식탁에 앉아 기도하고 말씀을 읽고 찬송을 불렀단다. 아이들이 집의 2, 3층 자기 방에 누워 있을 때, 우리는 계단에서 아이들에게 노래를 불러 주었어. 아이가 잠들 때 불러 주는 기도 자장가가 있었거든. 가사는 '나는 자러 가요, 나는 피곤하거든요.'로 시작했지!"

〈자러 가기 전 부르는 노래〉
- 얀 더 리프더 목사 –

나는 자러 가요 나는 피곤해요.
나의 두 눈을 감아요.
하나님께서 오늘 밤 저를 지켜 주시죠.

제가 악한 것을 행한 것을 보지 말아 주세요.
저의 많은 죄를 용서해 주시고
예수님으로 저를 정결케 해주세요.

주님 가난한 아이들을 돌보아 주시고
아픈 아이들을 고쳐 주세요.
모든 사람을 위해 예수님의 이름으로 기도해요.

신실하게 우리 부모님 곁에 계셔 주세요.

제 친구들과도 가깝게 있어 주세요.

이 밤의 평안함을 통해 새로운 힘을 주세요.

아침에 일어날 때 감사한 마음과 건강을 주세요.

제가 일어나 눈을 뜰 때

당신의 해가 저를 향해 웃어요.

제가 구하는 걸 들어주시겠어요?

경건하게 말씀을 청종하고

충성스럽게 순종할 수 있는

새로운 마음을 가지고 싶어요. 아멘. 아멘.

티네커는 아이들의 죄성에 대해서도 말을 아끼지 않았다.

"어느 날 아주 어린아이와 함께 꽃을 보고 있었단다. 아이는 꽃을 만지면 안 되는 것을 알고서 '꽃을 만지면 안 되죠?'라고 이야기했지. 그런데 내가 고개를 돌리자마자 아이는 꽃을 뽑아 버렸어. 아이들도 죄인으로 태어났다는 것을 보여주는 모습이었지."

하지만 해방파 신학의 핵심이라고도 할 수 있는 '하나님의 전적 은혜'는 항상 티네커의 교육 핵심에 있었다.

"아이들은 영적인 존재들이란다. 아이들은 무엇을 하면 안 되는지 무엇을 해도 되는지 아주 어릴 적부터 알고 있지. 나는 아이들에게 계단에 앉아 있을 때 왜 거기 앉아 있는지 물어 보곤 했어. 아이들은 이런 지적을 받을 때, 엄마 아빠가 슬퍼할까 봐 걱정하더라고. 그래서 어떻게 그 마음을 풀어 줄지에 대해서 물어보았지. 그리고 하나님도 슬퍼하실 텐데, 그건 어떻게 해결할 수 있을지에 대해서도 물어보곤 했어. 그래서 나는 죄를 지었어도 하나님께로 가면 자유로울 것이고, 하나님은 죄를 용서해 주신다는 것을 가르쳤단다. 엄마 아빠도 잠시 시간이 지나면 항상 자기 자녀를 용서해 준다는 걸 알려 주려고 말이야."

"어떤 부모들은 '네가 이런저런 잘못을 하면 천국에 못 가.'라고 말하기도 해. 네덜란드에서는 '검은 광대(zwalte piets)'라는 문화가 있는데, 검은 광대는 얼굴을 검게 칠하고 아이들에게 사탕과 작은 선물을 나누어 주었단다. 하지만 검은 광대는 본래 크리스마스 며칠 전 축제에 등장해 아이들을 긴장시키는 캐릭터였어. 사람들은 광대를 검게 분장시키고 신터클라스(Sinterklaas, 네덜란드의 산타클로스)와 함께 집집마다 돌며, 선물도 나눠 주고 엄마 아빠 말을 잘 들어야 한다고 겁을 주더라. 심지어 우리 개혁파 해방파 성도의 일부도 여기에 동조해서, 아이들이 광대를 통해 말을 잘 듣도록 겁을 주곤 했지. 하지만 이런 것들은 아이들에게 공포를 조장해서 통제하려 하는 것이기에 결코 좋은 것이 아니란다."

아이를 낳아서 교사로 일할 수는 없었지만, 티네커가 하는 공적인 일은 계속되었다. 티네커는 교회에서 한국으로 따지면 여전도회 활동을 하기도 했다. 하지만 아이에 대해 많은 생각들이 있었다. 가장 중요한 것은 아이들을 어떻게 믿음의 자녀들로 양육할까에 대한 것들이었다. 개혁파 교육의 핵심이 바로 그것이었다.

"아이들을 믿음의 자녀로 기르는 것에서 가장 중요한 것은 바로 '사랑'이란다. 아이들의 신앙 교육에서 반드시 기억해야 할 것은 아이가 하나님을 사랑하는 것을 돕는 일이야. 나는 이런 교육이 중요한 것을 우리 시어머니를 통해 알았어. 한번은 내가 시댁에 갔을 때 시어머니는 내가 있는 줄도 모르고 간절하게 기도하고 계셨는데, 하나님과의 사랑하는 관계가 내 눈에 보였단다. 마치 하나님의 은혜를 마시는 것처럼 보였고, 그 모습은 마치 사무엘의 엄마 한나와 같았어. 나는 그때 '믿음'이라는 것을 보았단다. 시어머니의 믿음이 내 믿음을 강하게 만들어 주는 그런 경험이었지."

티네커는 아이들도 영적인 존재라는 것을 잘 알고 있었다. 개혁파 성도들은 교리를 중요하게 생각하긴 하지만, 하나님과의 친밀한 관계 역시 중요하게 생각한다. 네덜란드 개혁파의 대표 지도자라 할 수 있는 아브라함 카이퍼의 저서 중 네덜란드에서 가장 많이 팔린 책은 하나님과의 관계를 담은 '경건 서적'이었다. 네덜란드 개혁파 신앙은 이런 하나님과의 친밀한 관계에 자리를 잡고 있다.

"아이들이 하나님과 사랑하는 관계를 가지는 것이 먼저 되어야 해. 엄마 아빠가 하나님을 사랑하는 것이 아이들에게 보여야, 아이들도 하나님과의 관계를 자연스럽게 가지고 부끄럽게 생각하지 않는단다. 무릎을 꿇고 기도할 때 아이들이 그것을 자연스럽게 보는 게 좋아. 다만 기도가 '쇼(show)'가 되면 안 되겠지. 또 엄마 아빠가 함께 하나님을 찬송하는 찬양을 들려주는 것도 아이들에게 참 좋다고 생각해. 이후의 교육도 물론 중요하겠지. 하나님을 사랑한다는 것은 하나님의 손을 잡고 있는 거야. 우리는 하나님께 이런 것들을 위해 간구해야 해."

한국의 아이들이나 네덜란드의 아이들이나 무언가 잘못해서 부모를 실망시키고 때로는 화를 나게 하기도 한다. 화가 났을 때 부모는 간혹 후회할 말을 하기도 하는데, 티네커는 이런 상황에서 아이들과 하나님과의 사랑하는 관계가 반드시 고려되어야 한다고 이야기해 주었다.

"아이가 아주 크게 잘못하면 부모에게도 분노가 찾아오지. 부모가 분노했을 때는 무언가 이야기하는 것을 삼가야 돼. 스스로 이야기를 삼가고 잠시 멈추어야 한단다. 진정이 되면 그때 이야기를 하면 돼. 그렇다고 마음에 있는 걸 모두 다 이야기해서는 안 된단다. 왜냐고? 부모도 죄인이기 때문이야. 부모도 아이에게 하는 말로 범죄 할 수 있기 때문이지. 우리의 입술로 기도를 할 수도 있지만 화를 낼 수도 있거든."

티네커는 아이들에게 심어 준 두 가지 중요한 사회생활의 원칙을 이어서 이야기했다.

"두 가지를 알아야 해. 인간은 의존적이라는 것과 또한 스스로 밥벌이를 해야 한다는 것이야. 나는 항상 하나님이 필요하다는 생각, 그리고 나는 사람으로 혼자서는 아무것도 할 수 없다는 것을 알아야 해. 하나님의 사랑과 힘, 도움이 필요하고, 남에게 도움을 받는 것이 매우 중요하단다. 집에 수도관이 고장 나면 배관공의 도움을 받아야 하고, 먹을 것을 먹으려면 농부의 도움이 필요하지. 물론 도움을 주는 것도 중요하고."

"또한 스스로 먹고사는 것을 해결할 능력을 갖춰야 한단다. 이것은 앞날을 어떻게 극복해 갈까에 대한 문제이기도 해. 하나님이 기적적으로 내 먹거리를 해결해 주시기를 바라는 것보다 스스로에 대한 책임을 가지는 게 중요하지. 하나님이 주시는 평안 속에서 말이지. 여기에서 우리는 선택이라는 중요한 문제를 맞닥뜨리게 된단다. 스스로 먹고사는 문제에서 무슨 이야기를 들을지 어떤 방향으로 진로를 설정할지를 반드시 선택을 해야 하지. 이 순간이 오면 아이들은 하나님께서 손과 입을 주관해 주시도록 기도해야 해. 좋은 선택을 할 수 있는 능력을 우리는 '지혜'라고 부른단다."

"때로는 부모들이 아이들에게 이것저것 해보도록 시키기도 해. 모든 경험은 도움이 된다는 논리로 말이야. 실수를 통해 배우는 것은 당연히 필요하지. 하지만 부모가 아이들에게 모든 것을 다 해보라고 얘기하는 것은 지혜롭지 못한 행동이란다. 아이들에게는 판단을 하는 훈련이 필요하거든. 재정적인 것, 시간적인 것 등을 함께 고려하는 생각을 해야해."

3. 아이들의 네덜란드 해방파 학교에서의 학교생활

티네커는 해방파 학교의 학생이었다가 교사가 되었다. 시간이 지나 티네커는 부모가 되었고 그녀의 아이들도 학교에 갔다. 네덜란드는 부모가 교육의 주도권을 가지고 있음이 널리 알려진 정설(定說)이다. 하지만 부모의 주도권은 학교 선택에 있어 주도권이 있다는 것이지, 아이가 학교에 갔으니 부모가 학교를 마음대로 쥐락펴락할 수 있다는 말은 결코 아니다. 네덜란드의 개혁파 학교는 부모와 학교, 학부모가 대표가 되는 학교 위원회 대표, 교사 그리고 학생이 유기적인 관계를 맺고 있다. 상하 관계 속에서 각자의 명확한 역할을 수행하는 한국과 네덜란드는 다르다. 네덜란드는 역할에 따른 책임을 묻는 것보다 격의 없이 토론하며 함께 문제를 해결하는 것을 즐긴다.

"우리 해방파 학교에는 부모들이 모이는 모임이 적잖게 있었어. 학교 단위로 부모들이 모였는데, 이때 교육에 대한 이야기를 나눴지. 학교에서 교육 과제를 다 수행하지 못했을 경우 왜 그렇게 다 끝내지 못했는지를 묻기도 했어."

교육의 내용에 관한 토론도 이어졌다.

"정식으로 모임이 시작되면 부모와 교사들은 주로 성경과 언어 교육 등을 어떻게 할지에 관해 토의하는 시간을 가졌단다. 교사들과 대화하는 것도 우리에게 그리 어색한 것은 아니었지. 학교 교사와의 대화에서는 주로 어떤 책을 교재로 쓰는지가 논의의 대상이었어. 어떤 교사들은 지적한 내용을 잘 받아들이고, 어떤 교사는 그러지 않았지. 가끔씩은 이야기를 아예 듣지 않는 교사들도 있었어. 교사와 정 이야기가 통하지 않을 때는 학교 위원회의 책임자에게 이야기하거나 감독관과도 이야기할 수 있었단다."

네덜란드의 기독교 학교는 이런 열린 시스템을 가지고 있었다. 그러나 그 시스템 안에서 해결할 수 없는 문제도 있었는데, 바로 아이 자체가 학교와 맞지 않을 때의 문제였다. 티네커의 둘째 아들 요한이 바로 그런 문제를 가지고 있었다. 요한은 글을 읽지 못했고 개혁파 학교에 다니는 것이 불가능했다. 학교 규모가 작아 특수반을 운영할 수는 없었기 때문이다. 다행히 난독증이 있는 학생은 특수 학교에 가서 교육에 도움을 받을 수가 있었기에, 요한은 9살 때 특수 학교로 갔다. 다소 늦었지만 말이다.

"요한이는 네덜란드의 여느 아이들처럼 만 4세에 초등학교에 입학했어. 나는 요한이가 어릴 적부터 다른 아이들과는 약간 다른 것 같아서 교사에게 유심히 지켜봐 달라고 부탁을 했지. 하지만 선생님은 아이가 '읽는 것'에 문제가 있어 특별한 교육을 받아야 한다는 것을 알아차리지 못했단다."

특수 교육을 받아야 하는 시기가 다소 늦어졌지만, 티네커는 그리 기분이 나쁘지 않았다. 사람마다 배우는 시간이 각기 다르고, 필요한 것을 다 배우지 못하면 배움을 마치는 시간이 더 길어질 수 있다고 생각했기 때문이다. 중요한 것은 '얼마나 빨리 공부를 마쳤는가'가 아니라, '배워야 할 것들을 충분히 다 배웠는가' 하는 것이다.

"요한이 11살이었을 때, 아이는 교실의 가장 앞에 앉아서 선생님의 도움을 받았는데, 아들은 그걸 힘들어 했었어. 그래도 우리는 계속해서 읽고 발표하면서 말하는 연습을 했단다. 다음날 아침, 아들은 자전거에 올랐고 말하는 것과 관련된 교구들을 자전거 가방에 넣었는데, 아이가 움직이려 하지 않는 거야. 그래서 나는 아이를 자전거 길에 세워 두고 가게 해야 했어. 아이가 조금 늦게 출발해서 좀 염려가 되더라. 그래서 얼마 후 아이가 도착할 시간이 지나 학교에 전화를 걸었어."

"선생님, 우리 요한이 도착했나요?"

"네. 요한이는 도착했어요. 걱정하지 마세요."

"… 음… 선생님, 그러지 마시고, 요한이가 있는지 직접 한번 확인해 주실 수 있을까요?"

티네커의 예측대로 요한은 학교에 없었다. 티네커는 10살짜리 요한에게 무언가 잘못되었다는 것을 느꼈다. 얼마간 시간이 지나 집 뒤쪽에 있는 창고에서 달그락 소리가 났다. 분명 요한이 있는 신호였다. 요한에게 집에 있는지 물어봤다.

"요한아, 너 거기 있니? 문 좀 열어 보렴."

"… 제가 … 처음으로 학교에 가지 … 않았다면요?"

"그래. 그렇다면, 엄마가 네가 집에 있을 수 있도록 학교에 전화해 줄게. 네가 엄마를 믿는다면 문을 좀 열어다오."

티네커는 걱정하고 있을 학교 선생님에게 전화했다.

"선생님, 요한이는 집에 안전하게 있으니 염려하지 마세요. 그리고 오늘은 아이를 학교에 보내지 않고 집에 좀 있게 해도 될까요?"

"네. 좋습니다."

티네커는 홀로 창고에서 문을 잠그고 있었던 아들을 거실 소파로 불러 냈다. 따뜻한 음료 두 잔을 가지고 와 아들과 마주 앉았다.

"엄마, 저는 아무것도 이야기하기가 싫어요."

"엄마는 네가 무슨 일이 있었는지 궁금하단다. 어디서 무엇을 했니?"

"저는 학교가 있는 즈볼러로 가지 않고 캄펀으로 자전거를 타고 갔다 왔어요. 그런데 왜 학교에 가기 싫은지는 이야기하지 않을래요."

티네커는 그 이유를 캐내어 묻지 않았다. 몇 시간이 지나고 학교 부장 선생님이 자전거를 타고 집으로 찾아왔다. 차를 타지 않고 자전거를 탔다는 것은 아이와 같이 자전거를 타고 학교로 돌아갈 것을 염두에 둔 판단이었다.

"요한아, 학교에서 무슨 일이 있었니? 왜 학교에 오지 않았니?"

"……"

"좋아. 선생님이 아무것도 묻지 않을 테니까, 같이 자전거 타고 학교에 가자꾸나."

"네… 그럼, 학교에 갈게요."

티네커는 학교 부장 선생님이 아주 고마웠다. 선생님과 요한이 함께 자전거를 타고 가는 동안 아이와 부장 선생님은 마음을 나눌 수 있었다. 권위를 내세워 요한에게 대답을 강요하지 않고, 요한의 판단에 대해 이해하려는 제스처를 보냈다. 그는 요한을 무단결석한 문제아로 본 것이 아니라, 귀한 하나님의 자녀로 본 것이다.

"요한이는 그 일이 있고 나서 3일 후에 자기의 이야기를 풀어 놓았단다. 알고 보니 요한은 글씨를 읽지 못하는 장애를 가지고 있었던 거야. 주변 친구들이 설명해 주는 것은 누구보다 잘 이해했지만, 문자를 읽고 이해를 할 수가 없었던 거지. 아이의 성격은 모르면 모르는 대로 알면 아는 대로 넘기는 성격이 아니었어. 이해한 바를 정확히 설명하길 좋아했지. 그런데 읽기 실력이 좋지 않았던 것이 요한에게는 너무나 속상한 일이었던 거야."

"특수 학교는 아주 작은 그룹으로 반이 편성되어 있었단다. 선생님들은 함께 모여 아이들의 문제를 해결하기 위해 머리를 맞대며 고민했지. 요한이의 선생님들은 요한이를 위해 교육을 잘 준비해 주셨고, 요한이는 배워야 할 것들을 결국 다 배우고 마침내 졸업할 수 있었어."

개혁파 학교도 교육적인 결함이 없지 않았다. 아이의 문제를 순식간에 알아차릴 만큼 교사들의 자질이 잘 갖추어져 있지 않았다고 볼 수도 있다. 하지만 그런 상황에서 티네커와 교사 누구도 서로에게 책임을 묻지는 않았다. 문제가 분명하게 드러났다면 의논 후 요한이에게 가장 적합한 학교로 보내면 되는 일이었다. '시간은 늦어졌지만 해결이 되었으면 됐다.'라는 인식이 티네커와 교사 모두에게 있었다.

요한이는 배움의 과정이 상당히 늦어졌다. 의사 선생님은 요한이가 상당히 똑똑하긴 하지만 네덜란드의 교육과는 맞지 않는 것 같다고 했다. 아이는 스트레스를 많이 받았고 자주 아팠다. 개혁파 학교도, 그 좋다는 네덜란드 학교도, 교육도 어떤 아이들에게는 큰 도움이 되지 못했다.

4. 낙태, 도무지 할 수 없었던 그것

아이들이 잘 자라 주어서 티네커는 행복한 나날을 보냈다. 아이들이 학교에서 생활을 할 때쯤 또 하나의 기쁜 소식을 들었다. 쌍둥이를 임신했다는 소식이다. 이미 다섯 명의 자녀가 있는 상태에서 가능한 한 여섯 명까지 낳고 싶었던 티네커에게는 아주 기쁜 소식이었다. 그때가 1984년이었다.

많은 자녀는 하나님의 복이라고 믿는 그들의 고백처럼 여섯, 일곱 번째 아이의 임신은 참 복된 일이었다. 남편 빌럼의 건강 상태가 그리 좋지 않은 상황에서 임신이 가능할 수 있었던 것은 하나님께 참 감사할 일이었다. 그러나 갑자기 문제가 생겼다. 티네커가 병원에 가야만 하는 상황이 생겼다.

티네커는 잔뜩 긴장할 수밖에 없었다. 하나님께서 주신 귀한 생명에 어떠한 문제도 있어서는 안 되었다. 그러나 티네커는 의사로부터 마음이 무너져 내릴 만한 이야기를 듣게 되었다. 쌍둥이 중 한 명이 태중에서 죽게 된 것이다.

"의사 선생님, 지금 상황에 대해서 이야기해 주세요."

"티네커 환자. 지금 상황이 매우 좋지가 않습니다. 아이는 상태가 양호하지만, 티네커 씨는 심각합니다. 이대로 가다가는 둘 다 사망할 정도로 상태가 심각합니다."

아이 한 명이 태중에서 죽게 되자 티네커의 건강이 급속도로 안 좋아졌다. 혈압이 너무 낮아서 의사는 혈압이 더 낮아지면 티네커에게 혼수상태가 올 수도 있다고 경고했다. 상황은 몹시도 긴급하고 심각했다. 티네커도 심각한 상황임을 몸으로 느끼고 있던 터라 심히 염려가 되어 의사에게 물어보았다.

"어떻게… 해야 하나요?"

"저도 기독교인으로서 이런 이야기를 드리는 것이 매우 어렵습니다만, 낙태를 해야 할 상황입니다."

티네커는 그 이야기만은 듣고 싶지 않았다. 사랑하는 아이를 끝까지 지키고 싶었다. 그러나 의사는 그것은 불가능하고, 어쩔 수 없는 결정을 해야만 한다고 했다.

"아이를 포기하지 않으면 둘 다 죽습니다. 하지만 아이를 포기하면 한 명은 살릴 수 있습니다. 지금 결정해야 해요."

"다른 방법은 도저히 없는 건가요?"

"네 그렇습니다. 저도 기독교인으로서 낙태를 해서는 안 된다고 믿는 사람입니다. 하지만 저는 의료인으로서 티네커 씨를 살려야 하는 책임이 있습니다. 티네커 씨를 위해서 이 수술을 해야 합니다. 저도 기도하겠습니다."

낙태는 해방파 성도들이 적극적으로 반대하는 사항이었다. 네덜란드는 낙태가 이미 합법화되었지만, 개혁파 성도가 믿는 바대로 낙태는 도저히 할 수 없는 것이었다. 하지만 낙태를 하지 않을 경우 아이와 엄마 두 생명 모두를 잃게 되는 정말 어려운 상황이었다.

"티네커 씨, 오늘 오후에 당장 수술해야 합니다. 지금 혈압이 너무 낮습니다."

티네커는 선택의 여지가 없었다. 결국 결론을 내리고 의사를 찾아갔다. 의사도 기도 끝에 수술을 집도하겠다고 이야기했다. 이 일은 티네커의 마음에 엄청난 슬픔과 가책을 불러일으켰다.

"이 문제는 30년 이상 나를 괴롭게 했어. 나는 무엇보다 아이가 천국에 갈 수 있을지 너무 불안했단다. 그래서 하나님께 묻고, 묻고, 또 물었지."

티네커의 건강은 아이를 낙태를 하고 나자 회복되기 시작했다. 그러나 그때부터 젖이 불기 시작했고, 생리가 끊어졌다. 이상한 일이었다. 내 몸이 내 몸으로 느껴지지 않는 이상한 경험이었다. 이런 어려운 상황 속에서 티네커는 또 하나의 인생의 어려운 허들을 넘어야 했다. 일평생을 살았던 흐로닝언(Groningen)을 떠나 다섯 명의 아이들과 동북부의 작은 도시 하템(Hattem)으로 이주를 해야 했다. 마음의 상처도 아직 다 아물지 않은 상황에서의 갑작스러운 이주였다. 하템에서의 티네커 주치의인 가정의학과 의사는 티네커에게 심리 상담을 권했다.

"나는 심리 치료를 받기는 했지만, 별 차도가 없었단다. 그 느낌이 아주 이상했어. 내 몸은 아이를 돌보도록 조정되고 있었지. 어느 순간 직관적으로 이 문제는 호르몬 문제라고 생각이 되어서, 다시 가정의학과 의사에게 가서 호르몬 처방을 해달라고 했어. 정신과 의사는 호르몬 처방을 해본 적이 아직 없었으면서도 내 말을 들어주었단다. 그러자 몸은 다시 괜찮아졌어. 내 몸이 드디어 내 것으로 느껴졌지. 하나님께서 나를 도와주신 것이라고 생각해."

몸은 괜찮아졌지만 여전히 영혼의 문제는 해결되지 않았다. 티네커의 마음속에는 여전히 어두운 부분이 있었다.

"이런 상황에서 어떻게 평안을 얻을 수 있습니까? 저는 그런 결정을 정말 하기가 싫었습니다."

상황은 이렇게 어려웠지만, 티네커의 가정은 이사를 할 수밖에 없었다. 이전 집은 이미 팔려 버렸고, 새로운 집의 계약이 이미 되어 버린 상태였다. 아이들은 이전 학교를 정리했고, 친구들과 작별 인사까지 한 상태였다.

네덜란드 교육부는 초대형 학교를 만드는 정책을 펼쳤다. 장관은 산재되어 있던 고등 교육 기관을 통합하는 행정 명령을 내렸다. 1984년 아머스포르트(Amersfoort)와 흐로닝언(Groningen)에 있는 개혁주의 사회 아카데미(GSA)와 초등 교육을 위한 교육 아카데미(PABO)가 즈볼러(Zwolle)에 "개혁주의 대학교"라는 이름으로 합쳐졌다. 티네커의 남편 빌럼은 흐로닝언에 있는 학교에서 근무 중이었다.

현재는 VIAA로 이름이 바뀐 즈볼러에 위치한 개혁주의 대학교

"이사는 내게 너무도 힘든 일이었단다. 일평생을 흐로닝언에서 살았거든. 돌아가신 아버지와 어머니, 그리고 우리 조부모님들까지 흐로닝언에 사셨어. 나는 지금도 눈을 감으면 흐로닝언이 눈에 훤하단다. 아직까지 흐로닝언은 내가 가장 좋아하는 곳이야."

아이를 잃어버린 지 얼마 되지 않아 완전히 새로운 공간에 적응하는 것은 쉬운 일이 아니었다. 이웃도, 교회도 모두 익숙하지 않은 것들이었다. 티네커는 이사하기가 싫었다.

"나는 이사에 대해 생각해야 했는데, 생각할 힘조차 없었어. 짐을 쌀 기운도 없었지. 번아웃이라는 것을 처음 경험해 봤단다. 아이들을 새 학교로 등하교시킬 수도 없었고, 마음은 완전히 홀로 남겨진 느낌이었지. 상태가 아주 심각하게 좋지 않았어."

티네커를 도울 수 있는 이는 하나님밖에 없었다. 티네커가 할 수 있는 것은 기도밖에 없었다.

"나는 '하나님 도와주세요.'라고 간절히 기도했어. 매시간 기도했지. 식사 시간에 했던 시편찬송을 부르는 시간과 기도 시간은 내게 아주 괴로운 시간이었어. 아무렇지도 않은 척을 해야 했기 때문이야."

"하나님 언제쯤 저를 도와주시겠습니까? 왜 나를 도와주지 않으시나요? 내년에는 저를 도와주시겠습니까?"

"여호와여 나의 말에 귀를 기울이사 나의 심정을 헤아려 주소서.
　나의 왕 나의 하나님이여 내가 부르짖는 소리를 들으소서.
　내가 주께 기도하나이다.* 흑흑흑…"

　티네커는 시편찬송을 들어도 눈물만 흐를 뿐이었다. 몸도 힘들고 새
로운 환경도 어려웠다. 이사 간 새집이 내 집처럼 생각되지 않았다. 무
엇보다도 가장 힘든 것은 아무도 이 상황을 이해할 수 없다는 데에서 비
롯한 외로움이었다. 흐로닝언에 있을 때 교회 목사님께 이 마음의 어려
움을 이야기했었던 적이 있다. 낙태를 한 것에 대한 아주 어려운 이야기
였다. 하지만 목사님은 와서 티네커를 도울 수 없었다. 그 이후의 이야
기를 들을 수가 없었기에 티네커를 온전히 이해할 수 없었다. 티네커는
스스로가 부끄러웠고, 마음에 여러 생각들이 복잡하게 뒤엉켜 싸웠다.
　이제 새로 이사 간 하템의 교회에서도 티네커는 자신의 이야기를 할
수가 없었다. 지역 주치의인 가정의학과 의사는 인근 지역에 개혁파 정
신과 의사와 상담을 해보라고 추천해 주었다. 티네커는 그와의 상담과
약물 처방을 통해 조금 안정이 되기도 했지만, 문제는 영적인 것에 있
었다.
　해방파 교회에서는 매월 첫째 주 주일에 성찬을 한다. 성찬을 할 때
항상 성찬 예식문을 읽는데, 이 성찬 예식문에는 "죄의 문제가 있는 상

---

* 시편 5편 1-3절

태에서 성찬에 참여하는 것은 그리스도의 몸을 더럽히는 중대한 죄"라고 쓰여 있었기에 티네커는 성찬을 할 때마다 죄책감을 느꼈다. 나의 건강을 위해 아이의 목숨을 희생시킨 것은 어떻게 해도 이해가 어려운 문제였다. 무서웠고, 평안이 찾아오질 않았다. 하나님께서는 티네커에게 이런 것을 생각나게 하셨다.

> "나는 다윗의 삶에 대해서 묵상을 했단다. 다윗이 아주 큰 죄를 범했던 것 말이야. 다윗이 밧세바를 취하고 난 이후 아이가 몹시 아프고 죽게 되었는데, 선지자 나단은 아이가 죽을 것이라고 이야기했어. 다윗은 바닥에 주저앉아 아이를 죽이지 말아 달라고 기도했지. 하나님께 부르짖었지만, 누구에게도 이야기할 수는 없었어."

티네커는, 다윗은 두 번이나 큰 죄를 지었는데도 하나님께서 은혜를 주셨는데, 왜 자신에게는 이런 은혜가 없는지 묻기도 했다.

성경은 왜 죄 중에 출생한 다윗의 첫째 아들이 죽어야만 했는지 명확하게 설명하지 않는다. 다만 다윗은 하나님께 통회하며 기도했고, 그 이후 신비롭게도 회복이 되어 하나님께 감사했다. 하나님도 그의 삶을 보고 마음에 합한 자라 말씀하셨고, 밧세바는 다시 임신을 하여 자유롭게 되었다.

"티네커 성도, 무슨 일이 있으셨습니까?"

그 일이 있고 30년 후, 티네커는 목사님과 장로님에게 그간에 있었던 일을 다 이야기해 주었고, 목사님과 장로님은 함께 기도하자고 했다. 그리고 이들은 티네커를 위해 기도했다.

> "나는 기도할 때 예수 그리스도의 죄 용서를 붙들었단다. 예수님께서는 내 죄를 완전히 용서해 주셨지. 나는 예수님으로 인해 자유하게 되었어. 나의 자유를 빼앗아 가고 반복적으로 죄책감을 불러일으키는 속삭임은 사탄에게서 왔다는 것을 알게 됐지."

티네커는 성경을 아주 잘 알고 있고, 교리와 시편찬송 등도 처음부터 끝까지 꿰고 있다. 평생을 정통 개혁파로 불리는 해방파 신도로 살아왔다. 그러나 죄의 문제로 인한 괴로움은 성령께서 복음으로 역사하실 때 해결될 수 있었다. 교리적 지식과 개혁파적인 생활도 영적인 어두움을 불러오는 죄의 문제를 해결해 주지 못했다.

교회에서 사람들은 티네커를 이해하지 못했다. 티네커가 죄와 씨름하고 있을 때 외로움에 시달렸다. 교단의 강한 정체성도, 찬란한 과거도, 뛰어난 학술도 하나님과 티네커와의 문제를 해결하는 데 어떤 역할도 하지 못했다. 그러나 복음, 그 죄 용서의 복음을 통해 하나님께서는 티네커를 자유케 하셨다.

5. 빌럼, 날개 달고 날아가다

빌럼은 아직 한국에는 한 번도 소개되지 않은 인물이다. 그러나 빌럼의 생전 네덜란드 개혁파 서클에서 빌럼은 결코 무시할 수 없는 사람이었다. 그런 무게감 때문에서인지 해방파의 다른 거물들도 그를 가만히 두지 않았다.

해방파 캄펀신학교의 구약학을 가르쳤던 허먼 요하네스 스킬더(Herman Johannes Schilder) 교수와 교의학을 이끌었던 요험 다우마(Joachim Douma) 교수는 빌럼의 사상에 심각한 문제를 제기하며 치열한 논쟁을 펼쳤다. 석사 학위에 버금가는 학위를 가진 미술 연구가 빌럼은 박사들과 대등하게 맞서 변론함에 주저함이 없었다.

그는 해방파의 관점으로 작성된 백과사전 편찬에도 참여했다. 2005년 해방파 출신 역사학자인 조지 하링크(George Harinck)가 편집자로서 개혁파 백과사전을 출간하게 되는데, 빌럼은 2500페이지에 달하는 이 개혁파 사전의 미술 부분 저자로 참여한다. 해방파 가정을 방문하면 한 권씩은 꽂혀 있는 꼭 필요한 참고 서적이다.

빌럼은 교단의 인재 양성을 위해서도 힘썼다. 그는 현재 'VIAA'로 개명된 개혁파 대학교(Gereformeerde Hoogschool)에서 미술 및 미술 역사를 가르쳤다. 해방파 학생들이 모인 자리에서 그는 어김없이 등장해 개혁파의 관점으로 미술 사조를 읽어 내었고, 학생들에게 대비되는 두 미술 작품들을 설명하며 지나간 시대 및 현 시대에 대해 강의했다. 대중들과의 소통도 잦았다. 30대에 접어든 이후, 그는 네덜란드의 대표적인 개혁파 신문인 〈네덜란드 다그블라드〉(Nederland Dagblad)와 〈리포르마토리시 다그블라드〉(reformatorisch Dagblad)에 끊임없이 미술에 관한 글을 남겼다.

티네커는 아이를 출산한 이후 아이 돌보는 것을 전적으로 맡았다. 티네커는 빌럼이 자기 일에 집중할 수 있도록 도왔다. 빌럼은 따뜻한 사람이었지만 집안일을 도와주지는 않았다. 빌럼은 하템에 이사한 새집 창고에 작업 공간을 마련하고서 오롯이 작업에 몰두하며 살았다.

티네커의 집에는 빌럼의 아름다운 그림들이 많이 걸려 있다. 빌럼의 그림은 학교에 팔리기도 했다. 빌럼은 화가로서 전격적으로 활동하지는 못했지만, '북부 사실주의(Het Noordelijk Realisme)'파의 일원으로 화가와 미술 저술가로서 꾸준하게 활동했다. 티네커의 집에는 아직도 빌럼의 작품들이 곳곳에 걸려 있다.

"빌럼은 본래 자유로운 화가가 되고 싶어 했단다. 미술 학교였던 미네르바학교에서도 아주 높은 성적으로 졸업했지. 그런데 빌럼의 엄격한 부모님은 그의 꿈을 이해하지 못했어. 화가가 되면 생계가 어려워지는 문제가 있으니 말이야. 하지만 빌럼은 미술철학 연구에 사명감을 가졌단다. 부모님의 염려대로 자기 시간의 일부는 가르치는 일을 하며 돈을 벌고, 나머지는 미술 작업을 하려 했어. 4일은 일하고 이틀은 작업을 하고…"

풍경화를 그리는 빌럼

그러나 결혼한 지 10년이 채 되지 않은 1973년, 빌럼은 회복할 수 없는 목 부상을 당했다. 그의 목 통증이 그를 계속 괴롭혔다. 그는 화가의 길을 놓고서 결단이 필요했다. 하나님을 위해 미술에 몰두하고 있던 빌럼은 다시 한번 아픈 목을 부여잡고 하나님과의 시간을 가진 후 결단을 내리기로 했다.

"티네커, 나에게 한 주간 생각할 시간을 줄래요? 내 사명에 대해 다시 생각하고 결정할 때가 온 것 같아요."

"그럼요. 얼마든지요."

빌럼은 한 주간의 기도와 고민을 위한 여행에서 돌아왔다. 비장한 목소리로 티네커에게 이야기했다.

"티네커, 나에게는 두 가지의 계획이 있었어요. 하나는 그림을 그리는 일이고, 하나는 자유로운 작가가 되는 것이었죠. 그러나 이제 나는 목이 아파서 그림을 그릴 수가 없어요. 그래서 이제 그림을 그리는 대신 미술에 관하여 읽고 쓰고, 생계를 위해 가르치는 일을 하기로 결정했어요."

"어떻게 그런 결정을 하게 되었어요?"

"음… 나는 하나님과 고칠 수 없는 내 목 통증 문제를 놓고서 씨름했어요. '하나님 왜 내게 이런 사고가 났습니까? 내가 이제 무엇을 해야 합니까?' 기도 끝에 나는 '미술이 어떻게 변화했고, 그 시대의 미술이 어떤 특징을 가지고 있고, 또 어떤 위험한 영향을 우리에게 주는지, 기독교인들이 어떻게 미술을 봐야 하는지'에 대해서 집중적으로 탐구해 보기로 마음먹었어요."

하나님께서는 빌럼을 사용하시기 시작했다. 개혁파 학생들은 네덜란드에서 가장 번화한 로테르담, 암스테르담, 흐로닝언, 하우다, 위트레흐트 등에서 매년 모임을 가진다. 작은 도시들도 마찬가지였다. 이는 마치 학생들의 '교단 총회'와도 같은 큰 모임이었다. 교단 신학교인 캄펀신학교에서도 'FQI'라는 학교 학생회가 있었다. 이 모임의 노래를 작사한 사람이 개혁파의 대 신학자이자 해방파 캄펀신학교의 설립자 클라스 스킬더였다. 그 외에도 학생 단체들의 모임에서 빌럼은 미술에 관하여 이야기했다.

"빌럼은 해방파에서 홀로 미술 역사를 연구하는 사람이었단다. 본래 기독교 화가가 되고 싶었지만, 목을 다쳐 오랫동안 고정된 자세로 작업을 할 수 없었기 때문에 꿈을 접을 수밖에 없었지. 미술에 관한 글을 읽고 쓰는 것을 중요하게 생각하는 빌럼은 미술 사조 및 철학사를 개혁파의 시각으로 읽어 냈어. 그의 《미술과 혁명》, 《미술과 사회》는 개혁파 서클 안에서 큰 논란거리를 던져 준 문제의 작품이었단다."

빌럼은 개혁파 성도들을 위한 미술사를 정리했다.

"빌럼은 미술이 단순히 '그림이 멋지다' 정도로 소개할 수 있는 것이 아니라고 믿었단다. 미술은 사람들에게 영향을 주는 하나의 메시지라고 보았어. 이 메시지는 시대의 사상들을 담고 있고, 그림을 잘 감상하려면 그런 그림이 담고 있는 시대의 사상들을 알아야 했지. 그런 그림이 우리에게 영향을 주고 있다는 것을 알려 주고자 했단다."

빌럼의 강의는 같은 시기에 있는, 그리고 다른 시기에 있는 두 가지 다른 그림들을 비교하며 미술 사조를 설명했다. 그의 강의는 다소 어려웠지만 명료했다. 티네커는 옆에서 두 등사기의 그림을 넘기며 빌럼의 강의를 보조했다.

"여기 A 라인(Line)과 B 라인(Line)이 있습니다. 프랑스 혁명의 시기 다비 드라는 작가는 'A 라인'에 속한 화가로, 이성이 지배하는 정률적 세상 에 대해 그림을 그렸습니다. 여러분이 잘 아시는 고야(Francisco Goya) 는 'B 라인'에 속한 화가로 진리의 죽음, 절망, 고통, 추악함에 대해 그림 을 그렸습니다. 이 두 대비되는 모습이 바로 프랑스 혁명이 동시에 가 지고 있는 모습이고, 혁명 시기 미술에는 이런 것들이 담겨 있습니다."

그의 주제는 항상 '삼위 하나님에 대한 믿음과 미술 작품의 관계'에 맞추어져 있었다. 그는 교회를 지키기 위해 미술을 공부했고, 신앙적 인 유익을 주기 위해 하나님과 미술에 대한 철학적이고 신앙적인 글을 썼다.

"빌럼은 어떤 일을 할 때 집중해서 일하는 사람이었고, 항상 생각하고 고민하면서 스스로 어떤 문제에 대해 창조적으로 접근하려고 했어. 몸이 약했고, 항상 목이 아팠음에도 항상 작은 힘이라도 회복되면 바 로 공부를 하러 갔지. 우리는 차를 사고서 네덜란드의 각 지역으로 갔 어. 사람들은 믿음과 미술의 관계에 대해 더 알고 싶어 했단다."

사람들은 빌럼을 찾았지만, 읽기와 쓰기에 매달렸던 빌럼도 보완이 필요한 부분이 있었다. 그는 학술적인 글들을 읽기에 심취한 나머지 자신들이 주로 상대할 평범한 개혁파 기독교인들의 언어를 잘 알지 못했다. 해방파 성도들은 주로 평범한 사람들로서 티네커의 옛 가족과 같이 가난한 사람들이 많았다. 단순한 세속적 지식의 관점으로 봤을 때 이들은 단순한 사람들이었다. 하지만 교회의 관점으로는 이들은 무식한 사람들이 아니었다. 성경, 찬송, 그리고 신앙고백과 개혁파적인 삶의 원리에 대한 지식과 실천으로 똘똘 뭉친 사람들이었다. 이런 사람들에게 교회 문턱 밖에 있는 미술의 언어는 쉬운 것이 아니었다. 또한 빌럼이 상대하던 프랑스 혁명의 영향을 많이 받은 자유주의자, 민주주의자, 사회주의자들이 사용하던 언어들이 다소 어려웠기에, 빌럼의 언어 역시 쉽지가 않았다.

"빌럼은 네덜란드 정통 개혁파 신문인 〈네덜란드 다그블라드〉 (Nederland Dagblad), 〈레포르마토리스 다그블라드〉(Reformatorisch Dagblad), 개혁파 여성회의 기관지인 〈길잡이〉(WegWijs) 등에 글을 많이 게재했어. 그 신문을 읽는 거의 모든 사람은 빌럼의 글을 사랑했지. 빌럼은 아주 똑똑한 사람이었단다. 그래서 어려운 개념어들을 많이 사용했었지. 빌럼에게는 많은 사람들이 이해할 수 있는 쉬운 글을 쓰는 것이 어려운 일이었어."

티네커가 결혼을 하고 난 직후 빌럼이 강의를 시작한 초기의 이야기

였다. 빌럼은 자신의 장기인 '네덜란드 개혁파의 관점에서 바라본 미술
역사'에 대해 강의하고 난 후 집으로 돌아와 티네커에게 질문을 하나
했다.

"티네커, 오늘 내 강의 어땠어요?"

"당신에게 집중하고 강의를 들었는데요. 당신의 지식이 내 주위를 맴
돌기만 하고 내 안에 들어오질 못했어요."

"대체 뭐가 문제일까요?"

"음… 당신은 당신이 가르치는 것에 대해서 그 누구보다 잘 알고 있
어요. 그렇다면 그것들을 사람들이 실제로 보면서 무슨 이야기를 하
려는지 이해하게 해주는 게 어떨까요? 이 사람들이 더 쉽게 이해할 수
있도록 강의하는 내용과 걸맞는 시각적인 많은 그림들을 사용해 주세
요. 글을 쓸 때도 조금 더 간단한 문장으로 써 주면 좋겠어요."

티네커는 자기 일을 열정적으로 수행하는 빌럼에게 감히 이런 이야
기를 하기가 두려웠다. 하지만 티네커의 정체성인 '여교사'로서 이런
이야기는 꼭 해야만 했다. 교사는 자신이 아는 것들을 학생들의 눈높이
에 맞게 설명해야 한다고 생각했기 때문이다. 티네커에게 입교 교육을
했던 교리 교사 목사님과 같이 자신만 알아들을 수 있는 어려운 말로

교육하는 것의 부작용을 티네커는 아주 잘 알고 있었다. 빌럼은 티네커의 말에 적극적으로 반응했다.

빌럼은 종횡무진 네덜란드를 누비며 강의를 했다. 그는 열정이 넘쳤고 똑똑했다. 신학자들과의 토론도, 교회 밖의 미술사가들의 대한 토론도 거침이 없었다. 한국의 〈국민일보〉와 같이 규모가 있는 종합 일간지인 〈네덜란드 다그블라드〉는 미술에 대한 새로운 서적이 나올 때마다 빌럼에게 리뷰를 요청했다. 해방파 성도들은 하나님을 믿는 사람들이 현재 미술계의 논의에 대해서 어떻게 이해하면 좋을지 많은 도움을 받았다.

그러나 빌럼에게 분명한 한계가 있었다. 그것은 빌럼의 육체적 연약함이었다. 빌럼은 결혼생활을 시작할 때인 1967년부터 거처를 흐로닝언에서 하템으로 옮긴 1984년까지 왕성하게 집필, 강의 활동을 이어갔다. 그러나 계속 앉아서 읽고 쓰는 것도 힘든 노동이었다. 게다가 빌럼의 아이는 5명이었다. 가족들을 먹여 살려야 하기에 일주일에 절반 이상을 일해야 했다. 네덜란드의 전통은 여성들이 집 밖에서 일하는 것을 허락하지 않았기에, 티네커는 아이를 키우고 가정을 돌보는 일에 전념했다. 당시 해방파 교회에서는, 어머니는 아이들을 신앙으로 양육하는 데 힘을 쏟아야 한다고 굳게 믿고 이를 실천하고 있었다.

돈벌이와 쉬지 않는 집필 활동 탓에 빌럼의 건강은 나빠졌다. 두통이 찾아왔고 항상 몸은 빼빼 말라 있었다. 고통으로 신음하는 나날들이 이어졌다. 그러다 더 좋지 않은 상황이 발생했다. 티네커가 태중에 있는 두 아이를 모두 잃어버리고 이사를 하게 되었는데, 그때 건강이 좋지 않았던 빌럼도 덩달아 신체 활력이 많이 떨어져 버리고 만 것이다. 빌럼이 일하던 흐로닝언의 개혁파 아카데미가 아머스포르트(Amersfoort)에 있는 개혁파 학교와 병합하게 되면서 즈볼러(Zwolle)에 새로운 학교 세팅을 해야 했었는데, 정신적으로도 큰 스트레스였고 육체적으로도 괴로움이 배가되는 사건이었다.

이 학교의 병합은 아주 큰 의미를 가지고 있다. 학교를 통합한다는 것은 하나의 새로운 공동체, 새로운 신앙촌이 교단 내에서 학교를 중심으로 만들어진다는 것을 의미한다. 가정의 터는 아이들을 중심으로 잡혔다. 터를 잡는 데 있어 아버지의 직장과 자녀의 학교가 주요 고려 대상인데, 아버지의 직장과 달리 자녀의 학교는 먼 곳에 위치하기가 어렵기 때문이다. 아이들의 학교를 위해 아버지들은 긴 통근 시간을 감내했다.

빌럼이 가르쳤던 학교는 우리로 따지면 대학교였다. 이 대학교는 즈볼러라는 지역에 새롭게 자리를 잡았는데, 즈볼러에는 흐레이다누스 스콜(Greidanus School)이라는 중고교가 통합된 대형 학교가 더불어 자리 잡고 있다. 그러한 관계로 즈볼러 인근 지역에는 많은 개혁파 성도들이 터를 잡고 살아갈 수 있었다. 빌럼과 티네커도 그런 사람 중 한 명이었다.

6. 네? 일하지 않고 살 수 있다고요?

아이들의 교육을 위해서라도 해방파 성도들이 결집되어 살아가는 것이 좋은 일이었지만, 빌럼은 몹시 힘들고 도무지 버틸 재간이 없었다. 몸이 너무나 힘들었다. 티네커도 덩달아 마음이 편치 못한 날들이 이어졌다. 그러던 차에 전화가 한 통 걸려 왔다.

"메이어 여사 되시지요?"

"네. 안녕하세요. 티네커입니다. 어쩐 일이신지요?"

"흐로닝언에서 하템으로 이사를 오셨지요?"

"네. 그렇습니다만…"

"흐로닝언의 주치의 의사 선생님께서 남편과 티네커 씨에 대한 의료 정보를 제공해 주셨습니다. 진료 차트를 살펴보니 상황이 심각해 보입니다. 긴 이야기를 해야 하니 오후 마지막 약속을 메이어 씨와 잡겠습니다?"

티네커와 빌럼은 하템에서 자신을 담당한 가정의학과 주치의를 만나러 갔다.

"제가 모든 걸 다 읽어 봤습니다. 메이어 부부, 같이 오랫동안 살고 싶으시죠?"

"… 그렇다면 이제 선택할 때가 되셨습니다. 두 분 다 건강이 심각하게 나쁘세요. 이렇게는 오래 살기가 어렵습니다. 물론 상황을 이해합니다. 빌럼 씨는 일을 하셔야 하고, 티네커 씨는 아이들 돌보는 일을 멈출 수가 없으니까요. 하지만 둘 중 하나는 일을 줄여야 합니다. 아이 돌보는 일은 누가 대신할 수 없는 일이니, 빌럼 씨의 일을 줄여야겠습니다?"

"제가 하는 일을 그만두고 쉬어야 한다는 말씀인가요? 그러면 저희 일곱 명의 가족은 어떻게 산단 말입니까?"

"빌럼 씨의 건강 상태에 대해서 상급 병원 의사가 알고 더 확실한 판단을 하게 해야 합니다. 상황이 좋지 않습니다?"

"듣기 썩 유쾌한 말은 아니네요. 티네커, 이제 그만 돌아갑시다?"

빌럼은 자신이 하고자 했던 화가의 길을 포기할 때에도 하나님과 2주간 기도의 시간을 보냈다. 화가를 포기하는 것은 자기 꿈을 포기하고 가정을 지키는 일이었다. 그런데 이제는 자기 가정 지키는 일마저 할 수 없는 곤란한 처지에 놓이게 된 것이다.

"의사 선생님, 벌써 두 달이 지났네요. 이제 마음의 결단을 내렸습니다."

"빌럼 선생님께서 말씀하시기 전에 한 말씀만 거들겠습니다. 빌럼 씨는 일을 할 수 없는 건강 상태로 이미 10년간 일하셨습니다. 저는 의사로서 심각하게 유감으로 생각합니다. 도무지 이런 상황이 있어서는 안 된다고 생각합니다. 자, 이제 말씀하시지요."

"저는 이미 결정을 내렸습니다. 가족을 위해서 일을 그만두겠습니다."

빌럼은 어려운 결정을 내렸다. 빌럼과 티네커 가정의 앞날이 어두컴컴해지는 순간이었다. 그러나 한줄기 빛이 하늘로부터 내려왔다.

"제가 빌럼 씨를 위해 하나 알아본 것이 있는데요. 네덜란드의 건강보험공단에서 빌럼 씨의 건강 상태를 살피고, 당신을 위해 보조금을 지급하기로 했습니다. 현재의 일을 그만두셔도, 공단에서 80%를 보전(補塡)해 주어 지금과 똑같은 소득으로 생활하실 수 있습니다. 그것은 공단에서 제공해 줄 수 있는 최대치입니다."

"어! 정말요? 아니, 어떻게 이런 일이…"

티네커는 그 자리에서 감사함의 눈물을 흘렸다.

"티네커, 우리 하나님께 감사합시다. 나는 돈을 벌기 위해서 미술을 가르쳐야 한다는 것이 너무 어려웠어요. 글 쓸 시간이 너무나도 필요했어요. 벌써 네덜란드 다그블라드와 리포르마토리시 다그블라드에서도 내게 많은 일을 주었거든요."

"빌럼, 그래요. 지금 우리와 같이 신앙의 눈으로 미술을 연구하고 글을 쓰는 사람이 없으니까요. 이제 이런 아름다운 일을 더 집중해서 할 수 있게 됐네요."

빌럼은 이틀만 오전에 개혁주의 대학교(Gereformeerde Hoogschool)로 출근해 미술을 가르쳤다. 나머지 시간에는 그의 작업실인 하템의 저택 2층 방 한편에서 작업을 이어 갈 수 있었다. 이미 《미술과 혁명》(1975), 《미술과 사회》(1977), 《우리 사회에서의 현대 미술》(1978) 등 굵직한 작품을 출간한 그는, 더욱더 글쓰기 작업에 몰두하고 조금은 쉴 시간도 얻었다. 드라마와 같은 일이 이어지는 와중에도 시계는 열심히 돌았다. 어느덧 티네커의 다섯 아이들은 청소년기에 접어들게 되었다.

7. 하나님 먼저, 나는 두 번째, 그 다음은 배우자

네덜란드는 아이들이 행복하기로 유명한 나라이다. 아이들은 입시 경쟁 없이 원하는 대학교에 들어가는 것이 어렵지 않다. 대학 서열이 없고, 고등학교에서는 자기를 자랑하는 것이 부끄러운 문화로 자리 잡았다. 경쟁을 하지 않으니 압박감이 없고, 학생들의 60퍼센트가 직업 전문학교로 진학을 하니 대학교에 가지 않아도 부끄러운 것이 없다.

혹자들은 "네덜란드 아이들은 사춘기를 겪지 않는다."라고 말하지만, 그것은 사실이 아니다. 네덜란드에도 소위 '중2병'이 있다. 이때 아이들은 이해하기 어려운 질문들이 많아지고 남녀 간의 교제에 대한 관심도 많아진다. 괜스레 진지해지는 중2병 시기, 아이들의 깊이 있는 신앙의 고민들도 덩달아 자라난다. 이때부터 부모들은 아이들에게 할 수 있는 대답이 줄어든다. 캄펀신학교의 한 은퇴 교수님이 하셨던 말씀이 기억난다.

"(부모가 이야기를 하면) 아이들이 문을 '탕' 하고 닫고 들어갈 때가 오게 되어 있어. 그때가 되면 아이는 부모의 말을 점점 듣지 않게 되고 독립할 준비를 하기 시작하지.”

빌럼과 티네커의 아이들도 이런 때를 맞이했다.

“아이들은 많은 질문을 건넸어. 자신이 하나님의 자녀인지 아닌지에 대해서도 물어보았지. 인생에서 피해갈 수 없는 질문이야. 우리 아이들은 어릴 적부터 가장 먼저 집에서, 그리고 교회와 학교에서 신앙고백과 교리, 성경에 대해 많은 것들을 배워 왔단다. 하지만 이런 지식이 ‘그래서 내가 하나님의 택하심을 받은 자녀인가?’에 대한 영혼의 대답을 주지는 못하더라고.”

“또 다른 질문들도 건넸어. 누구와 결혼을 해야 하냐는 질문들이었지. 또 어떤 직업을 가질까에 대해서도 아이들은 고민이 많았어. 아이가 다섯이라 나도 많이 바빴지만, 아이들에게 항상 분명한 우선순위를 제시해 주었어.”

티네커는 항상 자녀 양육에 대해 세세한 것을 말해 주지는 않았다. 하지만 자녀 양육에 대한 핵심적인 원칙은 분명하게 기억하고 눈에 힘을 주면서 이야기해 주었다.

“아이들이 인생의 중요한 결정을 해야 할 때는 바른 선택을 해야 하는 지혜가 필요하단다. 가장 먼저는 하나님을 위한 선택을 해야 하지. 그

다음에는 자기 직업을 찾는 것이 중요하고. 이런 것을 한 이후에 자기 남편과 아내를 찾아야 해. 항상 기도하면서 말이야."

아이들은 하나님과 함께 인생의 경로를 먼저 정하고, 자신의 즐거움에 대해서 관심을 쏟도록 교육받았다. 이런 것들이 연습된 이후에 서로의 배우자를 기도하며 찾았다.

"내가 아이들에게 가장 바랐던 것은 아이들이 하나님과 동행하는 삶이야. 아이들이 청소년기가 되면 부모로서 할 수 있는 일은 그리 많지 않단다. 우리는 아이들이 학교에 지각을 하더라도 매일 아침 같은 식탁에 앉았어. 저녁에도 앉았지. 아침에는 성경을 손에 들고 함께 읽고, 저녁에는 성경을 읽고 나서 시편으로 찬송을 했어. 우리에게 이것은 선택의 여지가 없는 아주 당연한 것이었단다. 성경을 읽고 거창한 토의를 한 것도 아니었어. 성경을 같이 읽고 나서 항상 빌럼이 모임을 인도했고, 빌럼이 없을 때는 내가 했지."

티네케도 부모로서 식탁에서의 경건회와 원칙에 의거한 교육을 했고, 아이들은 기독교 학교와 교회에서 성경과 찬송, 교리도 배웠다. 하지만 항상 자녀 양육이 잘된 것만은 아니었다.

"돌아보면, 개인적으로 남편과 가족을 위해 기도하는 시간을 충분히 가지지 못했던 것 같아."

나는 티네커에게 그 말이 무슨 의미인지를 물어봤다.

"기도를 해야 했어. 이생에서의 짐이 너무 많았거든. 내가 그때 하나님의 나라를 구하는 기도를 했다면 내 짐이 더 가벼웠을 텐데 말이야. 주로 내가 하던 기도는 하나님께 도움을 구하는 기도였단다. 15분 이상 기도하기도 어려웠지. 더 여유 있게 기도하지 못한 점이 못내 아쉬워. 돌아봤을 때 나는 아이들에게 '엄마가 하나님과 대화할 테니 조금만 기다려 줄래?'라고 말해야 했어. 내게 부족한 부분이었지. 3분이라도 시간을 내어 기도할걸 그랬어."

8. 작은 마을이 더 좋아!
작은 개혁파 도시 하템에서 자라는 아이들[*]

티네커는 1945년생이다. 이 당시에 네덜란드 남성들도 한국의 동시대 남성들과 큰 차이가 없이 가부장적이었다. 양성평등 의식을 어느 정도 가지게 된 것은 1960년대 소위 6·8혁명 이후였다. 이때 남자와 여자의 성 역할에 대한 붕괴가 급속도로 일어났고, 모든 권위에 대한 강한 저항이 일어났다. 반전, 평화 등이 청년들의 입에서 외쳐졌고 남/녀로 이뤄지는 가정의 결합으로서 결혼이라는 전통적인 명제가 공개적으로 비판받기도 했다.

프랑스 혁명 이후 자유주의의 영향에 대해 극도로 경계심을 가지던 빌럼과 티네커의 가정 문화는 그리 바뀌지 않았다. 개혁파 학교가 위치한 즈볼러의 인근 도시 하템은 아이들이 신앙의 친구들을 만나기에 아주 좋은 장소였다.

"내가 살았던 흐로닝언교회에는 노인들이 많았어. 그런데 다행히

---

[*] 티네커가 이 지역에 이사 왔을 때 이 지역의 1/10의 인구가 해방파 신도였다. 이 지역은 역사가 깊은 곳으로 인구가 13,000명이지만 주후 800년부터 도시로 기능했다.

도 이사한 하템에서는 우리 아이들 또래들이 많았지. 하템은 인구가 13,000명밖에 되지 않는 작은 도시였지만, 아이들이 많아 우리 자녀들이 즐거워했단다.”

“얘들아, 주일 예배 시간에 엄마 아빠와 함께 앉아야 되지 않겠니?”

“엄마, 여기 벌써 우리 친구들 30명이 같이 있었는데, 아이들과 함께 앉아도 될까요? 그리고 예배 마치고 교회에서 성경공부 한 뒤에, 오후에 친구네 가서 차 마실 거예요. 그 집에 챙겨 갈 오렌지 주스하고 쿠키도 이미 챙겨 두었어요.”

“참 재미있겠구나. 참! 너희들 입교 교육도 재미있게 하고 있니?”＊

“네. 주중에 교리 수업도 정말 재미있게 하고 있어요! 목사님도 참 재미있게 잘 알려 주세요.”

“아참! 이번 주에 너희 할아버지가 우리 집에 계실 건데, 할아버지가 너희와 함께하고 싶다고 하시는구나.”

“할아버지가 함께하신다고요? 와우! 너무 좋아요.”

＊ 성경공부 모임은 나이대별로 조직이 되었지만, 신앙 고백을 위한 교리 교육은 나이와 관계없이 열려 있어 원하는 사람은 누구든지 참여할 수 있었다.

아이들은 마음이 열려 있었고, 교회 청소년 모임에서 할아버지는 또 하나의 재미있는 대화 상대가 되었다. 아이들은 할아버지의 이야기를 듣기도 하고, 할아버지에게 이야기를 하기도 했다. 그는 티네커에게 엄한 시아버지였지만, 친구들과 함께하는 아이들에게는 그것마저도 즐거운 일이었다. 티네커도 항상 자녀들과 함께 있었지만, 할아버지만큼 환영받지는 못했다.

청소년기에는 아이들의 사춘기 문제가 있었지만, 다행히 믿음의 친구들과 좋은 교제가 있었다. 소위 '중고등부'에 아이들이 많은 것과 주일에 아이들과 가까운 집에 살며 자유롭게 노는 것은 참 행복한 일이었다.

둘째 아들 요한은 이런 우정을 친구들과 더 깊게 나누었다. 요한은 글을 잘 읽지 못하는 난독증이라는 장애를 가지고 있었기에, 교회 친구들과 성경을 읽는 모임에서 난처할 수 있었다. 하지만 그에게는 '교회 친구'가 있었다.

"여룬, 나는 성경을 읽을 수가 없어. 글이 눈에 들어오지 않아."

"요한, 걱정하지 마. 우리가 비밀리에 약속한 것처럼, 너 대신 내가 읽어 줄게. 너는 똑똑해서 이야기를 들으면 생각을 잘 발전시킬 수 있으니까 내가 읽어 주기만 하면 될 거야."

티네커는 내게 이런 이야기를 했다.

"나는 '장애를 가지고 있다면, 지도자가 되게 해주세요.'라고 기도했단다. 요한이는 글을 읽지 못하는 어려움이 있었지만, 문제 해결 능력과 리더십이 있는 아이였거든. 주변의 사람들과 함께 난관을 헤쳐 나갈 수 있는 재능을 가지고 있었어."

티네커는 아이가 읽기 장애가 있다고 해서 아이를 부끄럽게 생각하거나, '아이가 그저 1인분이라도 제대로 하는 아이로 자랐으면 좋겠다.'라는 생각을 하지도 않았다. 요한은 진주와 같이 귀중한 것을 가지고 있었기 때문이다.

빌럼은 아이들을 편안하게 대해 주는 아버지였다. 건강상의 문제와 바쁜 저술 작업 때문에 아이들을 돌보는 것은 티네커의 몫이였지만, 빌럼도 아이들을 위해 깜짝 놀이 이벤트를 선물하기도 했다.

"얘들아, 아빠랑 같이 밖에 나가지 않을래?"

"아빠, 어디 갈 거예요? 지금 우리는 자려고 잠옷을 입었는데요?"

"옷을 갈아입지 말고 조용히 밖으로 나와 보렴. 아무것도 보이지 않는 어둠 속에서 이것저것 보이는 경험을 하게 해줄게. 달도, 별도 하늘에 가득하단다. 우리 집 바로 앞에 있는 숲에서 조용히 소리를 들어 보자꾸나. 그곳에는 여우도 있고 멧돼지들도 있거든."

"우와!"

빌럼은 자식에게 엄하지 않았다. 빌럼의 아버지는 무척이나 엄해서 빌럼은 성인이 되고 나서도 아버지에게 어쩔 때는 별로 말을 붙이고 싶지 않아 했다. 빌럼은 아이들이 클 수 있도록 자리를 만들어 주고, 아이들 위에 군림하려 하지 않았다. 집안일은 전적으로 티네커의 몫이었고 티네커는 아내로서 남편을 잘 섬겨 주었지만, 자녀들을 결코 억압하지 않는 아버지였다.

아이들은 해방파 친구들이 많은 곳에 와서 친구들과 즐겁게 지냈다. 집 바로 뒤 울창한 산림에서 자연의 아름다움을 즐기기도 했다. 그러나 이들은 피 끓는 청소년들이었고, 인생의 반려자를 찾기 위한 마음의 불이 지펴지고 있었다. 쉽지 않은 순간들이 이어졌고, 아이들은 자신들이 이성들에게 관심 있는 것을 부모에게 내비치지 않았다.

"엄마가 분명 저녁 11시까지 들어오라고 했는데, 지금 너 몇 시에 들어온 거니? 지금 벌써 11시 30분이야!"

아이들은 청소년에서 청년기로 넘어가면서 더 늦은 시간 더 자유롭게 행동하고 싶어 했다. 자녀들이 향유하고자 했던 자유의 범위는 부모가 향유하던 것보다 더 폭이 넓어 의견의 충돌은 불가피했다. 티네커는 기억들을 끄집어내 어떻게 아이들의 양육 '종반기'를 마무리했는지 말해 주었다.

"나는 갈등이 있을 때 최대한 듣는 편을 택했단다. 아이들이 이야기할 공간을 주고자 했지. 일단 아이들의 이야기를 다 들어 보고 난 이후 좋은 점과 그렇지 않은 점에 대해 이야기를 함께 나누려고 했어. 내 관심은 '아이들이 진정 무엇을 하고자 했는가?'에 있었지."

갈등의 상황에서 티네커는 최대한 아이들을 존중하며 그 이야기를 들어 주고, 엄마로서 조언해 주고자 했다. 물론 부부간의 약간의 의견 차이도 있었다. 티네커는 자녀들이 해방파 성도들과 결혼하는 것을 바랐지만, 빌럼은 티네커보다는 더 유연했다. 해방파가 아니라도 신앙이 있는 사람이라면 괜찮다는 주의였다. 같이 신앙을 공유할 수 있는 사람이면 괜찮았다. 아이들은 해방파 안에서 짝을 만나 결혼하기도 하고, 해방파 밖의 사람을 만나 결혼하기도 했다. 시대는 바뀌었다. 해방파의 후손이라 할지라도, 빌럼과 같이 해방파 밖의 세상에 대해 지나친 경계심을 가지지 않는 이들도 있었다.

9. 두 형제의 특별한 여행

아이들은 청소년기를 지나 믿음의 청년들로 잘 자랐다. 그리고 집을 떠나 하나님의 세계 역사 속 한 부분을 담당하는 사람이 되었다. 필자는 티네커로부터 여러 이야기들을 들었지만, 그중 가장 인상 깊은 이야기는 둘째 아들 요한의 참전과 첫째 아들 다비드의 1년간 오스트리아 단기 선교에 대한 이야기였다.

1992년 4월 보스니아에는 인종 간의 갈등으로 내전이 일어났고 참혹한 '인종 청소'가 일어났다. 전쟁에 휘말리길 염려하는 많은 나라들이 보스니아 내전에 침묵하고 있을 때, 네덜란드군은 영국군과 함께 UN평화유지군으로 이 전쟁에 참가했다. 군대에서 복무할 수 있는 나이와 조건을 갖춘 요한도 이 전쟁에 평화유지군 소속으로 참가했다. 네덜란드는 당시 벌어지고 있는 '인종 청소'라는 학살극이 반드시 멈춰져야 할 악한 행동이라 판단했다. 나는 물었다.

> "티네커, 그런데 왜 요한을 이 전쟁에 참전하도록 두셨어요? 아주 위험했을 텐데 말이죠."

"정기, 우리는 둘째가 전쟁에 나가는 것을 아주 자랑스럽게 생각했어. 남편은 아들을 두고 아주 좋은 군사라고 부를 정도였지. 우리는 전쟁을 그리 두려워하지 않았어. 인생이 항상 안정적이지는 않잖아. 삶과 죽음은 하나님의 손에 달린 일이고. 내가 평소 기억하고 있는 문장이 있어."

'누구도 정한 때 이전에 죽지 않는다. 전쟁의 때나 평화의 때나 삶과 죽음은 하나님께 달렸다. 이것이 우리의 참된 평화이다.'

요한은 글을 잘 읽지는 못하지만 범상치 않은 아이였다. 티네커는 글 읽기가 어려운 요한을 닦달하지 않았다. 글 대신 하나님께서 요한에게 주신 재능에 의지했다.

"그 아이는 잘 읽지 못했지만 모든 것을 몸으로 부딪혀 혼자 알아 내고, 스스로 문제를 해쳐 왔어. 요한이 7살쯤 되던 때의 기억나는 일이 하나 있단다. 흐로닝언에 처음 맥도널드가 생겼는데, 이 맥도널드에서 오픈 기념 이벤트로 집집마다 볼펜으로 바꿀 수 있는 쿠폰을 우편함에 나누어 준 적이 있었어. 우리 가족한테는 쿠폰이 한 장밖에 없었는데, 둘째가 집을 나가더니 볼펜 7개를 가지고 돌아오더라고."

어떻게 된 일이었을까?

"둘째는 쿠폰 한 장을 손에 쥐고 나가 가는 길에 있는 이웃 집집마다 초인종을 눌러 맥도널드 쿠폰을 좀 줄 수 있겠냐고 물었대. 7살짜리 꼬마 아이가 달라고 하는데 주지 않을 사람이 어디 있겠어. 그렇게 요한이는 쿠폰 7장을 모아 자전거를 타고 맥도널드로 가서 주머니 가득 볼펜을 가지고 돌아온 거야. 가족의 이름들을 하나하나 부르며 볼펜을 나누어 주는 거 있지?"

요한은 그렇게 어릴 적부터 특별한 능력을 가지고 있었다.

전쟁은 정말 참혹하게 흘러갔다. 시신들이 거리에 즐비했고, 피 튀기는 총격전이 매일 이어졌다. 가족들은 요한의 파병에 대해 반대하지 않았지만, 그를 위한 기도와 도움을 멈추지 않았다. 네덜란드에서 보스니아까지 우편과 소포가 정상적으로 전달되었고, 요한은 당시 글 읽는 방법을 터득하고 있을 때라 약간의 어려움은 있었지만 전달된 우편물을 잘 읽을 수 있었다.

"빌럼은 아이의 영적 양식을 먹이고자 했어. 그래서 그이는 매주 주일 가족들을 모아 요한에게 편지를 쓰게 했단다. 그리고 매주일 설교 테이프를 보스니아로 보냈지. 교회에서도 부대 주소를 공유해 요한이는 아주 많은 편지를 받을 수 있었어. 전쟁 중에도 가족들의 사랑과 하나님의 사랑과 은혜에 항상 충만하길 바랐지. 우리 교단의 일간지인 〈네덜란드 다그블라드〉에서도 매일 전쟁터로 신문을 보내 주었단다?"

티네커는 무엇인가 더 할 말이 있는 듯했다.

"(하하) 이 신문이 요한에게 아주 재미있는 인연을 만들어 주었단다. 요
한은 전투 현장에서 근무하는 부사관이었는데, 어느 날 막사 근처에
서 우리 해방파 교단의 신문격인 〈네덜란드 다그블라드〉를 읽고 있었
다더구나. 당시 다른 부대에서 파견 나온 보좌하는 역할의 여자 부관
이 한 명 있었는데, 그 여자가 요한이 읽고 있는 신문을 보고 이야기를
걸어왔다는 거야. 그 부관도 마침 〈네덜란드 다그블라드〉를 읽는 사람
이었던 거지. 그래! 바로 그 여자도 해방파 신도였던 거야! 이걸 계기
로 그 둘은 아주 가까워지게 되었단다."

요한은 그 부관과 교제를 이어 갔고 평생을 기약하는 부부가 되었
다. 죽음의 골짜기인 전쟁터로 나아가 생명을 잉태할 수 있는 가정을
이뤄 돌아온 것이다. 요한은 죽을 뻔한 상황도 두 번이나 넘겼다. 폭탄
이 눈앞에서 '펑'하고 터졌다. 머리 위에 저격수가 있어 시속 200km 이
상 운전해서 위기를 피하기도 했다. 지뢰를 밟을 뻔한 순간에 지휘관이
기지를 발휘해 발걸음을 막아 목숨을 부지하기도 했다. 요한은 그 와중
에서도 하나님께서 주신 자신의 달란트를 십분 발휘했다.

"요한이는 임무 수행을 아주 뛰어나게 해서 상관에게 좋은 군인으로
인정받을 수 있었단다. 전쟁에서는 항상 복종만 해야 하는 딱딱한 시
간들의 연속인지라, 상관은 요한에게 부하들을 위해 이런 딱딱한 시

간을 풀어줄 작은 축제를 열어 주길 부탁했다는 거야. 그래서 요한이는 상관에게 여가 시간에 부대원들과 함께 즐겁게 즐길 시간을 갖게 해 달라고 협조를 요청했고, 아주 즐거운 시간을 만들었다고 하더구나. 참전의 기억은 다시 이야기하지 못할 정도로 끔찍한 것이었지만, 그러한 상황에서도 요한은 사람들에게 버틸 만한 힘을 주려 했던 거야. 요한이는 93년경 임무를 다 마치고 고국으로 돌아왔단다."

첫째 아들 다비드도 특별한 경험을 가지고 있다. 그의 나이 20살 때였다. 그는 실제 전쟁터가 아닌 영적 전쟁터로 나섰다. 네덜란드 개혁파에 대한 한 가지 잘 알려지지 않은 사실은 선교를 향한 그들의 열정이다. '네덜란드 개혁파' 하면 전도에 대한 열의가 없는 것으로 오해받기도 한다. 하지만 해방파의 뿌리라고 할 수 있는 아브라함 카이퍼는 개종이 없이는 참된 문화의 발달도 어렵다고 말할 정도로 전도와 선교를 매우 중요하게 생각했다. 소위 '문화 사역'은 '선교'를 앞서가지 않았다. 다시 말해, 문화를 도구로 전도하는 것보다 전도를 먼저 하고 문화의 발달을 기다리는 것이 순리라는 말이다. 필자는 서둘러 티네커에게 다비드에 관한 이야기를 물었다.*

"우리 첫째 아들은 21살이 되던 때 대학교를 졸업하고 오스트리아에 1년간 현지 목사님을 도와 선교를 하러 갔단다. 우리 교단에서 파송한

---

* 네덜란드에는 12개의 주가 있다. 각 주마다 해방파 교회가 있는데, 주마다 선교할 나라를 선택하여 선교를 돕는다. 돕는 지역은 우크라이나, 오스트리아, 파푸아 뉴기니 등 다양하다.

비터라는 목사님이 계셨지. 그곳에서 교회를 개척하시고, 교단의 청년들로 구성된 여름방학 단기 전도 팀을 받아 함께 전도를 하곤 하셨어. 우리 교단은 로마 가톨릭이 강세인 오스트리아에서 '개혁주의 오스트리아 재단(SSRO)'이라는 단체를 설립했단다."

"참 흥미롭네요, 선교에 큰 관심이 없을 것 같은 해방파 교회들도 그런 선교에 간다니요."

"이런 일은 사실 우리 교단에서 항상 있는 일은 아니었어. 그 시기가 좀 특별했지. 첫째가 선교를 가던 해는 1990년대였는데, 1960년대부터 이때까지는 교단 안에서 교단만의 새로운 일들이 많이 일어났고, 사람들도 새로운 도전에 적극적으로 호응을 해 주기도 했단다."

"아들이 선교지에 가려 할 때 부모들은 무엇을 했나요? 반대하지는 않으셨나요?"

"성인들이 선교지에 가는 것을 말릴 수 있는 부모는 없어. 우리 아이들은 성인이었고 그들의 결정은 어떻게든 존중해 주어야 했단다. 나는 간섭보다 돕는 형식으로 그 일에 참여했어."

"그러면 무슨 일을 하셨어요?"

"우리는 아들과 함께 행사를 만들었단다. 아들이 가기 전에 오스트리아 사역을 위한 생활비를 만들어야 했지. 우리는 교회 앞에서 편지와 카드들을 돌리고 한 사람이 1년 동안 한 달에 10훌던(한국 돈으로 10,000원 상당)씩을 후원해 달라고 사람들에게 부탁했어. 그랬더니 충분한 돈이 들어왔단다. 우리 아이가 1년간 작은 호텔방에서 살 수는 있을 정도가 되었지."

티네커는 교회의 교회지를 적극 활용했다. 격주로 발행되는 티네커 교회의 교회지는 성도들이 자발적으로 참여할 수 있는 공간이 많았다. 개인적인 신앙에 대한 이야기를 실을 수도 있었고, 때로는 회사의 광고도 실을 수 있었다. 특별한 일이 있을 때 편지를 남기기도 했고, 이사를 가는 사람들은 작별을 하며 교회에 대한 소회를 전달하기도 했다. 티네커는 아들을 돕기 위해 이런 도구들을 사용했다.

첫째 아들은 교회 성도들에게 편지를 보냈다. 티네커는 편지를 받아 교회에 게시했고, 성도들은 아들에게 답을 해주었다. 나누는 은혜 속에 아들은 목사님을 잘 도와 선교를 잘 마치고 돌아올 수 있었다.

티네커의 세 딸들은 각기 교단의 학교를 졸업해 두 명은 여교사로, 한 명은 간호사로 근무했다. 딸들은 직업을 가진 이후 얼마 되지 않아 결혼했다. 결혼한 이후 딸들의 삶에 부모는 간섭하지 않는다. 아이의 자녀 계획, 인생의 진로 등은 오롯이 본인이 감당해야 할 책임으로 남게 된다. 아이들을 길러 낸 티네커는 남은 인생 동안 다른 해야 할 일을 하나님께로부터 받았다.

10. 집을 떠난 자녀들, 집에 들어온 학생들

어느덧 시간은 흘러 2000년이 되었다. 아이들은 장성하여 독립을 하게 되었다. 아이들이 나가고 나니 집에 손님들이 하나둘씩 찾아오기 시작했다. 이 손님들은 티네커와 빌럼 부부의 집에 짧으면 며칠, 길면 몇 달씩 머물다 가기도 했다.

2001년, 한 무리의 외국 손님들이 집으로 찾아왔다. 가장 먼저 티네커의 집에 머물다 간 사람들은 미국 도르트칼리지(Dordt College)에서 온 두 명의 여학생과 한 명의 남학생이었다. 자녀들이 독립하고 난 이후라 집에는 남는 방이 많았다. 티네커도 미국에 있는 낸시에게 어릴 적 도움을 받은 경험이 있어서, 미국 사람들을 돕는 것은 그리 고민할 거리가 되지 않았다. 하지만 걱정되는 것이 있었다.

"나는 사실 우리 집에 외국인들을 받아 함께 살아 본 경험이 없었단다. 고민이 많았지. 이 학생들은 네 달 동안 집에서 살 예정이었어. 구체적으로 아이들이 어떻게 씻고, 무엇을 먹이고, 자유 시간을 어떻게 보내도록 해야 할지 잘 알지 못했단다. 특별히 네덜란드에는 '허젤릭'(gezellig)이라는 문화가 있었어. 항상 어느 정도의 밝은 즐거움을 유지하고 살아가는 독특한 네덜란드만의 문화인데, 우리는 집에서 어떻게 이 허젤럭을 만들까 고민이 되었어."

"티네커, 잠깐만요. 누가 와서 살았다는 거죠?"

"아차차! 내가 그 이야기를 아직 안 했구나. 이 학생들은 기독교 학교인 미국 도르트칼리지에서 온 학생들이었어. 미국에서 살면서 유럽은 처음인 아이들이었지. 당시에는 SPICE라는 프로그램이 있었는데, 이 학교가 즈볼러에 있던 개혁주의 대학교(현재 'VIAA')와 연결해 이 프로그램을 공동 운영했단다. 이 프로그램은 네덜란드 사람의 집에 살면서 네덜란드의 문화를 배우는 프로그램이야. 이 학생들의 부모는 학생들이 네덜란드 문화를 배우고 유럽인과 같이 되기를 바랐어. 그 학생들은 네덜란드 이주민의 자녀들이었지."

학생들 중에는 특별한 학생도 있었다.

"두 명의 여학생들은 평범하다고 할 수 있었지만, 한 명의 남학생은 굉장히 독특했단다. 이 학생은 아브라함 카이퍼에 미쳐 있었어. 그 덕에 내 남편 빌럼과 아주 재미있게 이야기를 나누었지."

이들은 문화를 배우러 왔고 특별히 네덜란드 개혁파의 문화를 배우러 왔다. 네덜란드 개혁파 중에서도 해방파 교단은 특유의 문화를 잘 지켜 가고 있었다.

"우리는 우리 아이들을 키우는 것과 비슷하게 삶을 만들어 갔어. 우리
는 같이 즐겁게 아침 식사를 하고 성경을 읽고 시편을 부르며 하루를
시작했단다. 그리고 사방이 평평한 네덜란드 생활의 필수품인 자전거
를 빌려서 아이들이 타고 다닐 수 있도록 했지. 자전거는 개혁주의 대
학교에서 빌려주었어."

또한 그들은 티네커 가정만의 독특한 교회 문화도 배웠다.

"그렇지. 우리는 항상 하나님의 사랑에 대해 이야기를 주고받았어. 빌
럼은 매주 설교문을 요약하고 번역해서 아이들에게 건네주었단다. 성
찬이 있는 주일 아침 식사에는 성찬의 의미를 되새기는 아침 식사를
했고, 성찬 예식문도 읽어 주었어. 이 문화는 우리가 결혼하고부터 계
속 지켜 왔던 것들이었거든. 이 친구들은 이런 것들도 경험할 수가 있
었어."

해방파 교회에서는 설교를 아주 중요하게 여긴다. 둘째 아들이 파병
을 갔을 때도 설교 녹음을 매주 보내 주었던 이유가 여기에 있었다. 빌
럼이 살아 있을 때만 하더라도, 설교단은 성도들이 앉아 있는 객석보다
2~3m는 높은 곳에 있었다. 하나님의 말씀을 듣는 것이 교회 생활에서
가장 우선이라는 종교개혁자들의 유산이 남아 있었던 것이다.

네덜란드의 교회 문화와 미국의 교회 문화의 차이가 때로는 티네커를 어렵게 하기도 했다.

"물론 우리가 같이 살면서 어려운 상황들도 있었단다. 이 미국의 아이들은 주일에 무엇을 하는 것에 있어 거침이 없었지. 어떤 주일에는 교회를 가지 않고 여행을 떠나기도 했어.* 주일에는 돈도 안 쓰는 우리의 문화와는 아주 달랐지. 우린 주일이 되면 편안하게 쉬고 조용하게 있는단다. 혹은 자연스레 찬양하고 대화를 나누고 성경을 읽기도 하지. 그러니 우리로서는 미국 아이들이 아침에 기차를 타고 여행 가는 것들은 이해하기 어려운 일이었단다."

아직도 네덜란드의 소위 '바이블 벨트'는 주일에 대부분의 상점들이 문을 닫는다. 대도시에 사는 사람들은 바이블 벨트를 소위 '주일에 세차도 하지 않는 동네'라고 인식하고 있다. 지역적인 분위기가 하나님만을 생각하고 찬양하기에 좋은 분위기인 셈이다.

또한 네덜란드에는 한국인 입양아 협회가 있을 정도로 한국인들을 입양한 역사가 깊다. 티네커가 살고 있는 곳은 하템이라는 곳으로 한국 유학생들이 공부를 했던 2개의 캄펀신학교가 위치한 캄펀과 도로상 거리로 17km 정도 떨어져 있다. 이 캄펀에서 한 한국인 여자아이를 입

---

* 네덜란드 해방파 성도들은 휴가를 몇 주간 보낸다. 그 몇 주간 캠핑 등을 하며 그 장소에서 설교를 테이프로 듣는다. 그리고 주일에 휴가지에서 휴식을 하며, 주일을 성수하기도 한다. 해외에서 네덜란드 교인들은 같이 모여 스피커를 활용하여 같이 예배를 드리기도 한다. 휴가 때 주일을 지키는 그들만의 문화라 할 수 있다.

양한 가정이 있었다. 그 입양아의 아버지는 판 다이크 씨였다. 아이는 1970년대 4살의 나이로 판다이크 씨 가족의 일원이 되었다. 이 아이는 아주 사랑스러운 아이였다. 티네커는 이 한국인 아이가 아무 이유 없이 사랑스러웠다. 이 아이는 티네커와 교제하며 좋은 관계를 맺어 갔다. 판 다이크 씨의 가족은 한국 피를 가진 딸로 인해 다른 한국인들에 대한 관심도 가질 수 있었다.

한국의 몇몇 신학교에서는 네덜란드로 학생들을 보내고자 할 때, 그러나 모든 수업이 네덜란드어로 진행되고 학위도 논문도 네덜란드어로 작성해야만 했기에, 우선 6개월간 홈스테이를 하며 언어 공부를 시켰다. 현재 한국에서 교수로 봉사하고 있는 분도 판 다이크 집에 수년간 머물며 박사 학위를 마쳤고, 현재 브뤼셀 한인 교회에서 사역 중인 김동민 목사도 그 집에 기거했었다. 그러나 판 다이크 씨가 사망하고, 판 다이크 씨 후임자가 필요했다.

과부가 된 판 다이크 씨의 아내는 어떻게 한국어를 가르쳐야 할지 잘 알지 못했다. 한국인에게 네덜란드어를 가르치는 것은 아무나 할 수 없는 몹시 어려운 일이었다. 판 다이크 씨의 부인은 티네커 집을 방문해 티네커에게 한 한국인의 언어 교육을 맡아 줄 것을 부탁했다. 그 제자는 현재 브뤼셀 한인 교회에서 사역 중인 김동민 목사였다. 김동민 목사는 판다이크 씨 집에 기거했다.

"나는 자신이 있었어. 8살짜리 외국인 아이가 6개월 만에 네덜란드어를 하도록 가르쳐 본 적이 있거든. 특수 교육을 받고 거기에 관심이 많았던 것도 도움이 적잖게 되었어. 나는 계획을 짜고 빌럼과 함께 판 다이크 씨 집에 갔단다. 판 다이크 씨의 제자 김동민 목사에게 이렇게 이야기했지.”

“나는 당신에게 네덜란드어를 매일 오후마다 가르치고자 합니다.”

그렇게 김동민 목사는 매일 자전거를 타고서 하템으로 수업을 들으러 매주 왔다. 판 다이크 씨 집은 티네커의 집과 아주 가까웠다. 티네커와 김동민 목사는 집의 1층 거실에서 수업을 했고, 빌럼은 2층에서 자신의 저술 작업에 몰두했다. 잠시 쉬는 시간이 되면 빌럼은 커피를 마시는 데 합류하여 담소를 나누기도 했다.

“동민은 혼자 네덜란드에 왔어. 그의 아내와 딸은 한국에 있었지. 동민은 6개월간 정말 열심히 네덜란드어를 공부했어. 주일 예배도 같이 갔었지. 그런데 학교에서 언제 공부할 수 있을지가 확실하지 않았어. 공부하기 전에 네덜란드어가 준비되어야 했거든. 대도시인 위트레흐트에서도 유료로 배울 수 있는 곳이 있었지만, 동민은 여기에서 배우기로 했어. 나는 무료로 동민을 가르쳤단다. 사랑의 봉사로 말이야.”

김동민 목사는 빌럼과 대화를 자주 나누었다. 수업을 마친 이후 빌럼이 작업하던 방에서 내려오면 그들은 이야기를 나눌 수 있었다. 시간이 조금 지난 후 김동민 목사의 아내와 딸이 티네커의 집에 함께 왔다.

빌럼은 그들을 데리고 암스테르담에 가서 박물관을 설명해 주었고, 지금 한 신학 대학원의 교수가 된 선배가 빌럼의 말을 통역해 주기도 했다. 티네커는 김동민 목사를 아주 특별하게 생각했다.

"동민은 코로나가 터졌을 때를 빼고는 매년 아내와 세 딸들을 데리고 우리 집에 왔어. 우리는 맛있는 식사를 함께했고 같이 재미있게 놀기도 했지. 동민의 딸은 그림을 아주 잘 그렸어. 내 공부방 침대와 그 위에 있는 인형들을 그린 멋진 그림을 나는 지금까지 간직하고 있단다."

빌럼의 생전, 티네커의 집에서 연말 시간을 함께 보내는 김동민 목사.

티네커는 스스로를 단순한 여성이라고 표현했다. 물론 티네커는 초등학교 교사를 했던 아주 평범한 네덜란드 해방파 교회의 성도인 것이 사실이긴 하다. 그러나 처음에는 단순히 한국인 유학생을 위해 기초 네덜란드어를 가르쳐 주었지만, 점차 지도하는 경험이 늘어 가자 더 무거운 임무가 맡겨지기도 했다.

"구명(가명)은 아예 우리 집에서 석사 논문 작업을 했단다. 여름 방학 기간 동안 월요일부터 수요일까지 이틀 밤을, 목요일부터 금요일까지 하루 밤을 우리 집에 기거했지. 그는 우리 집에서 아예 방을 하나 차지하고서 작업을 했어. 소선지서를 공부했는데, 아펠도른신학교라는 기독교 개혁 교회 교단에 속한 학교에서 공부를 했지. 동민이 구명을 데리고 왔어. 그리고 여기에서 참 재미있는 일이 생겼단다."

추후 더 자세히 서술하겠지만 티네커에게는 신장 위구르 지역에서 탈출한 '아브라함'(가명)이라는 제자가 있었다. 그는 무슬림이었다. 그러나 지금은 이슬람 신앙에 그리 진지함을 가지고 살고 있지는 않다. 구명이 티네커의 집에 8인승 작은 마을버스를 타고 가는데, 거기에서 아브라함을 만났다.

"아브라함은 구명이 자신보다 수업을 받은 기간이 짧았지만 네덜란드어를 더 잘하는 것을 보고 참 신기해했단다. 아브라함이 구명과 우리 집이 있는 하템에 오는 버스에서 대화를 했나 보더라고. 그 비결에 대해서 내게 물어봤지. 사실 둘의 수업은 크게 다르지 않았지만, 한 가지 차이가 있었어. 음… 구명은 아브라함과 다르게 '너를 위한 성경'이라는 어린이용 성경을 가지고 공부했어. 그는 무슬림인데도 그 이야

기를 듣고 자신도 그렇게 공부를 하겠다고 이야기했단다. 수업 방식
은 성경을 읽고 자신의 언어로 요약해 다시 이야기를 하는 것이었지."

이 성경은 한국에도 번역이 되어 보급되어 있는 성경이다. 이야기 형
식으로 성경을 재구성한 것으로서, 특별히 엄마의 사랑이 담긴 책이다.

"이 성경의 저자는 다운증후군을 앓고 있는 자녀를 가지고 있었단다.
그 어머니가 부모로서 자신의 아이와 또 그 비슷한 처지에 있는 아이
들이 읽고 이해할 수 있는 성경을 만들었지. 이 성경은 그래서 아주 쉽
고 반복적으로 읽어 가며 쉬운 단어들부터 익힐 수 있도록 준비가 되
어 있단다."

이 성경은 네덜란드 부모들의 적극적인 신앙 교육에 대한 열정이 나
타난 성경이다. 네덜란드인들이 해수면보다 낮은 지역에 둑을 쌓아 삶
의 터전을 마련했듯, 자녀에게 신앙적인 어려움이 있을 때 포기하기보
다는 받아들이고 최선을 다해 아이를 말씀으로 양육하고자 한 것이다.
아이가 장애가 있다고 할지라도 성경으로 아이를 길러야 한다는 부모
의 사랑과 열정이 이 책에 고스란히 담겨 있다. 아브라함은 이 성경을
자발적으로 배우기로 하고서 열심히 읽고 다 끝냈다. 그는 유다가 예수
님께 키스하는 장면을 보고 화를 내기도 했다.
구명은 논문을 네덜란드어로 썼고, 티네커는 이 과정을 곁에서 도왔
다. 네덜란드인의 사고방식대로 논문을 쓴다는 것은 아주 큰일이었다.

언어가 다르다는 것은 문화와 생각의 방식이 다르다는 것도 의미했기 때문이다.

"구명의 논문을 돕는 것은 아주 힘든 일이었어. 나는 신학자도 아니었고, 단어들을 정확하게 사용하는 것도 잘 몰랐었거든. 그래서 우리는 꼬박 한 달 넘게 그 논문에 매달렸단다. 딸이 네 명 있었던 구명은 방학 동안 좁은 집에서 공부를 할 수 없었기 때문에 우리 집에 머무르면서 논문 작업을 했단다. 결국 구명은 논문을 훌륭하게 써 냈어."

티네커는 석사 방어식에 참여했다. 석사 방어식에서는 학생이 약 20분간 발표를 하고 이후 30분간 날카로운 질문들을 받아 대답을 해야 하는 시간이 이어진다. 일반 청중들에게 질문 시간이 주어진 이후 자신의 논문 지도 교수들의 질문도 받게 된다. 모든 언어는 네덜란드어였다.

네덜란드의 석사 학위는 아무에게나 주어지지 않았다. 석사 논문의 기준을 맞추지 못하면 발표할 기회조차 얻지 못했다. 한국의 유학생들은 불과 몇 년 전까지만 해도 네덜란드어로 글을 읽고 쓰고 발표해야 했다. 티네커는 그 절체절명의 순간까지 구명과 함께 했던 것이었다.

"나도 그 결실의 자리에 함께했었지. 그런데 내가 전혀 기대하지도 못한 일이 생겼어. 구명의 지도 교수 중 한 명이 갑자기 나에게 자리에서 일어나라고 말하지 뭐니. 내가 자리에서 일어나니 그 교수는 '티네커 씨가 구명을 열심히 도와, 끝내 구명은 훌륭한 네덜란드어 논문을 완

성할 수 있었습니다?'라고 말하더라고. 나는 정말 감격스러웠어. 나는
이 일을 잘할 수 있도록 항상 하나님께 구하며 기도했었거든. 정말 믿
을 수 없는 순간이었어."

해방파 교단은 사실 네덜란드 교회 내에서 분리주의자의 인상이 강
한 집단이다. 최근 들어 그런 오명을 벗기 위해 여러 방면으로 노력을
하고 있지만, 이전에는 다른 교단에는 구원이 없다고 이야기할 만큼 다
른 집단에 대한 경계심이 강한 교단이었다. 필자가 만난 어떤 해방파
목회자는 어릴 적에 타 교단 아이들과 거리에서 노는 것조차 불가했다
고 이야기하기도 했다.

물론 티네커도 어릴 적 다른 교단의 사람들은 구원이 없다고 생각했
었을 정도로 그리 열려 있는 사람은 아니었다. 그러나 티네커는 사람
들을 받아들이기 위한 용기를 냈고, 한국 사람들에 대한 특별한 사랑이
시작되었다.

"한국인들은 모두 집에 들어올 때 고개를 숙이고, 신발을 벗고, 존중
을 표하는 문화를 가지고 있어. 그런데 네덜란드 사람들은 인사할 때
그저 손을 들 뿐, 고개를 숙이지는 않아. 이렇게 우리는 만남의 시작부
터 다른 문화를 가지고 있지만, 나에게 한국 사람은 정말 특별했어. 문
화가 달라도 우리는 공통적으로 '사랑'을 가지고 있었단다. 한국 사람
들은 내게 그 '사랑'을 많이 나누어 주었지."

티네커는 사랑에 대해 이야기를 더 나누어 주었다. 나는 개혁파 성도들이 사람들 간의 사랑에 대해 이야기하는 것을 오래간만에 들어 보았다.

"우리는 다 하나님의 창조물로서 하나님의 사랑을 받고 사는 사람들이란다. 그리고 부족한 사랑이지만 인간의 사랑으로 서로를 사랑하지. 나는 이 개혁파의 핵심이 바로 하나님의 사랑과 우리의 이웃을 사랑하는 거라고 생각해. 무료로 한국 사람들에게 네덜란드어를 가르치는 일도 사랑하는 마음으로 하는 거란다. 내게 이런 사랑이 참으로 필요했어. 특별히 한국에 있는 가족이 갑작스레 돌아가셨을 때, 이들은 잠시 우리 집에 와 생각을 정리하며 고요하게 있을 시간을 가지기도 하고, 함께 앉아 슬픔을 나누기도 했지. 나도 아버지와 남편의 죽음을 통해 그런 시간이 필요하다는 것을 깨닫게 되었단다. 나는 하나님이 내게 사랑과 힘을 주셔서 이런 일을 계속 해 나갈 수 있는 거란다. 가르치기도 하면서 배우기도 많이 했고, 젊은 가족들과 교제하며 젊은이의 경험을 계속할 수 있었어."

사랑에는 희생도 따랐다.

"논문을 도와줄 때는 많은 에너지가 들었고 두통도 따라왔단다. 네덜란드어로 답을 듣고 답도 주어야 했거든. 대충 물어보고 답을 할 수 없는 사안이었지. 몇 번 똑 같은 질문을 다른 말로 하면서 물어보는 바가 무엇인지를 확실히 알려고 했어. 영어와 네덜란드어를 총동원하여 의미를 확실하게 해야 했지. 나도 최대한 잘 도와주기 위해 공부를 많이 해야 했단다. 그 밖에도 정말 가슴 아픈 건…"

"나는 아직도 내가 가르쳤던 한국 학생들을 사랑하는데, 이 한국 학생들이 대부분 집으로 돌아가면 한국에서 목사로서의 삶이 몹시도 바쁜지 메시지를 보내도 답을 받기가 참 어렵다는 거야. 완전히 이별하는 거지!"

"나는 내가 가르쳤던 학생들이 떠나고 나면 정말 슬펐어. 학생들과 깊은 관계를 가졌거든. 학생들은 나를 기독교인이자 선생님, 그리고 엄마처럼 생각했단다. 그래서 생활에 관한 것들, 인간관계에 관한 것들도 물어보기도 했지. 젊은 학자들은 네덜란드에 와서 출산을 많이 했는데, 그 은밀하고 중요한 과정에 관한 구체적인 것들을 물어보고 답을 주기도 했어. 서로 간에 아주 깊은 신뢰 관계가 있었기에 가능한 일이었지. 그런데 학생들은 그렇게 잘 지내다가도 갑자기 가버렸어. 그러면 나는 학생들에 대한 향수를 느꼈단다!"

네덜란드에서 한국인들이란 아시아의 몇몇 학교에서 존재 자체로 환영받는 사람들이 결코 아니다. 네덜란드인들은 유럽 내에서도 콧대가 높기로 유명하고, 특별히 대도시와 같은 경우에는 심심치 않게 인종차별도 일어난다. 네덜란드 사람들이 대게 영어를 잘 사용하기는 하지만, 캄펀과 같은 작은 도시에서는 네덜란드어를 사용하지 못하면 곤란한 상황도 종종 일어난다. 네덜란드는 기독교 국가의 이미지가 강하지만 모두가 아시아인들에게 친절하지는 않다.

티네커는 이런 사회적 분위기 속에서 소수자인 한국 사람들을 조건 없이 사랑했고, 그 사랑은 하나님으로부터 왔다고 고백한다. 티네커가 모든 이들의 학위에 큰 기여를 했다고 말하기는 어렵겠지만, 작은 자하나를 사랑하고 대가 없이 자신의 시간과 정성을 들여 섬긴 티네커의 마음만은 작은 한구석을 비추고 있음이 분명했다.

제3부

빌럼의 죽음, 그리고 새로운 시작

1. 은혜 가운데 맞이한 남편의 사망

2007년이었다. 티네커는 한국 학생들과 중동에서 온 난민들에게 네덜란드 교육에 힘을 쏟았다. 그리고 원치 않는 낙태라는 큰 어려움을 겪은 이후 마음은 다소 괴로웠지만 별 탈 없는 순조로운 삶을 살아갔다. 남편 빌럼은 일주일에 하루만 학교에서 가르치고 다른 날은 개혁파적인 관점에서 미술에 대한 글들을 계속 써 내려갔다.

주옥같은 작품들이 남편의 손으로부터 탄생했다. 《모든 것은 예술이 아니다》라는 책은 현대 미술의 문제점을 신랄하게 짚은 작품이었는데, 한 달 만에 초판이 모두 매진될 정도로 호응이 뜨거웠다. 2쇄도 곧이어 출간되었다.

복음적으로 풀어낸 세계적인 네덜란드 화가 렘브란트(Rembrandt Harmenszoon van Rijn, 1606~1669)의 이야기는 압권이었다. 이 책에는 렘브란트의 생각을 복음의 관점으로 세밀하게 읽은 후 그 감상을 담은 빌럼의 '복음 시'가 실려 있다. 이 시들은 깊이가 있고 아름다워 독자들로부터 많은 사랑을 받았다. 생각이 깊은 빌럼은 작은 경구로도 많은 사람들의 감탄을 불러일으키는 묵상록을 작성했다. 하나님을 깊게 사랑하는 사람만이 가질 수 있는 그런 감각을 가지고 있었다. 그런데 그해 빌럼은 조금 달랐다.

"원래 빌럼은 모든 책을 낼 때 나와 상의하곤 했단다. 그런데 마지막 책을 쓸 때는 전혀 나와 상의하지 않았어. 3개월 동안 오롯이 책 한 권을 쓰는 데만 매달렸지. 책은 2007년 3월에 집필을 시작해서 2007년 6월에 마무리되었어."

티네커는 당시의 상황을 회상했다. 티네커는 빌럼이 왜 그렇게 하는지 감히 물어보기가 어려웠다. 왜냐하면 빌럼이 아주 강한 집중력을 가지고 책 저술에 몰입했기 때문이다.

"빌럼, 왜 제게 아무런 도움도 구하지 않고 책을 쓰는 거죠? 여태껏 그렇게 한 적 없잖아요?

빌럼은 보통 티네커와 식탁에 앉아서 작업 중인 책에 대해 이야기를 나누었다. 컴퓨터로 작업을 하며 같이 이야기를 나누기도 했다. 빌럼은 3페이지 저술을 마치면 그것을 인쇄하여 티네커에게 보여 주었고, 티네커는 볼펜을 들고서 고치면 좋을 부분에 표시했다. 그리고 그 종이를 들고 다시 빌럼의 작업실로 들어가 둘은 책에 대한 이야기를 나누었다. 그런데 이번에 빌럼은 과도할 정도로 혼자 몰입했고, 테이블에 앉아서 식사를 할 때도 오롯이 책에 집중에 집중을 더했다. 항상 함께했던 책 작업은 이번에 생략되었다.

"빌럼, 이리 와서 나와 대화를 좀 하는 게 어때요?"

"내가 하고 있는 대로 그냥 두어요. 시간이 없어요."

그렇게 깊게 책 쓰기에 몰입한 빌럼은 어느새 집필을 마치고 방에서 나왔다.

"티네커, 내가 시간이 없어서 이미 책은 출판사에 넘겼어요. 아참 그 리고 우리 집 뒤뜰에서 내 사진을 하나 좀 찍어 줄래요? 잘 좀 찍어 주면 좋겠어요."

티네커가 마지막으로 찍어 준 빌럼의 사진

티네커는 빌럼의 이야기를 듣고 좀 섭섭했다. 원고를 들여다볼 시간도 잠시 주지 않고 출판사에 원고를 넘겼다는 것이 좀 의아했다. 게다가 아주 슬프기까지 했다. 빌럼은 절대 사진을 찍어 달라고 하는 사람이 아니었기 때문이다. 빌럼은 가지고 있던 좋은 필름 카메라를 가지고 사진을 찍게 했다. 그런데 빌럼은 책을 쓰고 그림을 그리는 것을 좋아했지, 자기 사진을, 특히 자기 독사진을 카메라에 담는 것을 그리 좋아하지 않았다. 그 사진이 어떻게 쓰일지는 전혀 상상도 할 수 없었다.

그리고 빌럼은 평소와는 또 다른 행동을 했다. 티네커에게 지중해(남부 프랑스에 있는 나르보너시)로 자동차 여행을 제안한 것이다. 그곳은 거리가 1300km 가량이나 되는 곳이었다.

네덜란드인들은 대개 7월부터 8월까지 아주 긴 기간 바캉스를 떠난다. 그리고 네덜란드에 있는 많은 차들은 소위 말하는 스테이션 웨건(station wagon) 형 차량이다. 우리나라에서도 IMF전 잠깐 유행했던 트렁크 윗부분이 길쭉하게 뻗은 차량이다. 이 차에는 많은 짐을 실을 수 있어 장거리 여행에 적합하다.

티네커는 본래 여행을 그리 좋아하지 않았다. 빌럼도 마찬가지였다. 방학이 되어도 자동차를 타고 긴 거리를 여행한 기억은 없었다. 티네커의 가족은 고정적으로 네덜란드 북부에 있는 자동차로 2시간 남짓 거리의 '아메르란드'라는 섬에서 몇 주에서 한 달간 휴가를 오래 보냈다. 아이들과 다 함께 그곳에 다녀오는 것이 가족의 전통이었다.

"티네커, 우리 자동차에 카라반(caravane)을 연결해서 네덜란드, 벨기에를 거쳐 프랑스에 있는 지중해로 갑시다. 카라반을 프랑스에 두고 살바도르 달리(Salvador Dali)의 작품이 전시된 스페인으로 갈 수도 있을 거예요."

"스페인까지 가자고요? 빌럼, 거기는 너무 멀어요."

"오늘 저녁에 같이 이야기를 좀 합시다."

둘은 거실에 앉아 대화했지만, 의견이 좁혀지지 않은 채로 계속 실랑이를 벌였다. 빌럼도 몸이 약했지만, 티네커도 아이들을 독립시키고 나서 학교에서 계속 근무해 왔기에 몸이 몹시도 피로하였다. 티네커는 여행이 무리라고 생각했다.

"빌럼이 내게 여행을 제안했을 때 나는 마음이 너무도 불안했어. 나는 여행을 가기 싫었는데 빌럼은 여행을 강행했지. 나는 도무지 이해할 수가 없었어. 빌럼도 나도 몸이 좋지 않았거든. 그래도 빌럼이 가장이니까 나는 그의 결정을 따라 주었어."

티네커와 빌럼은 자동차를 타고 프랑스까지 가기로 했다. 그들이 사는 하템에서부터 프랑스 해안가까지는 약 1300km에 달하는 먼 길이었다. 그들은 나이가 이미 60대에 도달했으니 무리하지 않고 여행을 하기로 했다. 부부는 하루 자동차로 이동을 하고, 이틀간 캠핑을 하는 식으로 여행을 계획했다. 여행은 한 달로 계획되었다. 여행을 떠나기 전 빌럼은 다시 한번 여태껏 하지 않았던 일을 했다. 자신의 공부방을 치운 것이다.

> "남편은 자기 방 여기저기에 책을 정갈하게 세워 두었단다. 자기가 참고하는 책들을 두는 자기만의 방법이었거든. 책을 찾지 못하면 그이는 패닉에 빠졌지. 그래서 나는 그이가 작업을 마칠 때까지 책을 건드릴 수가 없었어. 방을 치우지도 않았고. 그이가 어떤 작업을 하고 있는지 모르니까 함부로 그 곳을 건드릴 수가 없었지. 빌럼은 작업을 마치고 나면 항상 내게 방을 치워 달라고 얘기했단다. 그러면 우리는 함께 책을 체계적으로 다시 책꽂이에 꽂아 두었지. 그런데 이번에는 완전히 달랐어. 방에 들어가 보니 이게 웬걸, 책이 깨끗하게 치워져 있지 뭐야. 모든 책이 책꽂이에 꽂혀 있더라고. 한 번도 이런 적이 없었는데 말이야."

빌럼은 여행 가기 전에 다시 한번 이해하기 어려운 일을 했다. 모든 가족들에게 이메일을 보낸 것이다. 자녀들과 본가, 처가, 친족들에게 메일을 하나씩 다 보냈다. 메일은 아주 짧았다.

"D. V tot Ziens" (하나님의 뜻이라면 다시 만납시다.)

그렇게 둘은 여행을 떠났다. 최종 목적지를 프랑스 남부 지역으로 삼고 네덜란드에서 며칠, 벨기에에서 며칠, 프랑스 북부 지역에서 또 며칠 캠핑을 하고, 목적지를 향해 달려갔다. 그러나 티네커는 그 여행이 결코 유쾌하지 않았다.

> "우리는 운전을 번갈아 가면서 했단다. 내가 운전할 때 우리 부부는 많은 시간 대화를 하지 않았어. 빌럼이 운전할 때 나는 주로 뜨개질을 했지. 여행이 거의 2주가 다 되어 갈 때까지 별로 기쁘지가 않았어. 그렇게 우리는 2주간 천천히 이동하면서 프랑스 해변에 도착했단다. 그런데 바람이 무척 강하더라고. 도착한 지 며칠 되지도 않았는데, 강한 바람 때문에 고정해 두었던 카라반 문이 풀려서 내 얼굴을 강타했지 뭐야. 그래서 왼쪽 눈썹 위부터 광대뼈까지 찢어져서 프랑스의 한 병원에서 상처를 꿰매었단다."

티네커는 불의의 사고를 겪은 이후 2~3일 지나고 나서는 두통이 시작되었다. 약을 먹었지만 나아지지 않고 구토까지 유발되었다. 두통이 너무 심해 현지에서 앰뷸런스를 부를 수밖에 없었고, 빌럼은 그 뒤를 쫓았다. 티네커는 병원에 입원 치료를 해야 하는 심각한 고통에 시달리고 있었다. 수액으로 치료를 해야만 했다. 결국 이틀간이나 프랑스의 병원에서 입원 치료를 했다.

> "애들아, 엄마가 지금 두통으로 너무도 힘드시단다. 엄마를 위해서 같이 기도를 하자꾸나."

빌럼은 티네커를 위해 자녀들에게 긴급하게 기도 요청을 했다. 이내 하나님께서 티네커의 병세를 호전시켜 주셔서, 티네커는 입원한 지 이틀 만에 퇴원할 수 있었다. 입원을 한 것은 목요일이었고 토요일에 퇴원을 하게 되었다. 그리고 다음 날 티네커와 빌럼은 라디오로 주일 설교를 듣고, 오후에 바다로 나갔다.

그런데 그 바다에서 상상하기도 싫은 일이 일어나고 말았다. 티네커는 그때의 상황을 아주 또렷하게 기억하고 있었다.

"우리는 바다에 산책을 하러 갔었어. 그런데 나는 몸이 아파서 잘 걸을 수가 없겠더라고. 그래서 해변에 주차된 차 앞에 펼쳐 둔 캠핑 의자에 앉아 있었지. 약간 추웠어. 내가 가만히 있을 수밖에 없으니 빌럼은 혼자서라도 바다 물속에 들어갔다 나오려고 했던 것 같아. 나는 빌럼이 목이 아팠으니까 그리 깊게 들어가지 않고 아주 잠시만 바다에 있다가 나올 줄 알았어. 바닷물은 적당히 따뜻해서 놀기가 좋았던 것 같애."

"……"

"그런데 5분쯤 지나고 바다를 보니, 웬걸! 빌럼의 머리가 물 아래로 쳐진 채 물에 떠 있는 거야. 나는 깜짝 놀라서 빌럼에게 달려갔어. 빌럼을 빨리 건져서 해변에 눕히고 보니까, 빌럼은 그때 이미 동공이 다 풀려 있었단다. 빌럼의 영혼은 더 이상 그의 몸과 함께 있지 않았어."

빌럼이 마지막 숨을 거두었던 바닷가에서의 마지막 사진

빌럼은 사망한 상태로 허리춤밖에 오지 않는 물에 빠져 있었다. 그는 익사한 것이 아니라, 갑작스러운 사망을 하고 나서 물에 빠진 것이었다. 사후 그의 폐는 물에 젖어 있지 않았다. 티네커는 눈을 들어 하늘을 보고 하나님께 부르짖었다.

"하나님, 이것이 우리를 향한 하나님의 계획이십니까? 내게 한 번만 스데반과 같이 하늘이 열리는 것을 보여 주시겠습니까?"

티네커에게 신비한 일이 일어났다. 하늘에서는 한 줄기 영광스러운 빛이 티네커와 남편의 시신에게 머물렀다. 그리고 티네커의 마음에 평온이 찾아왔다. 한 줄기 비치는 빛은 마치 야곱의 사다리가 하늘을 향해 있는 것 같았다. 티네커는 신비한 경험을 했다.

"나는 더 이상 눈물을 흘리지 않았단다. 하나님이 주시는 평안을 얻었거든."

티네커는 하나님께서 주시는 신비한 위로를 경험했다. 그토록 사랑하는 남편을 잃었지만 하나님은 마치 티네커에게 큰 위로를 주시는 듯했다. 이런 신비한 평안은 갑자기 주어진 것이 아니었다. 티네커와 빌럼은 사실 여행 초기부터 한 책을 같이 읽었다.

"나는 하나님께서 빌럼의 죽음에 대해 특별히 14일간 준비시켜 주셨다고 믿어. 우리의 여행은 아름다웠단다. 특별이 저녁 시간이 참 좋았지. 차를 세우고 이틀간 캠핑을 하며 함께 책을 나누는 시간이 정말 좋았단다. 작은 테이블 사이에 무릎을 대고 서로 꿇어앉아 책 한 권을 기쁨으로 같이 읽었지."

"그 책은 셸던 바노켄(Sheldon Vanauken)의 《은혜로 감동받다》(한국어 번역본 제목은 《잔인한 자비》)였는데, 하나님께서 은혜로 한 사람을 어떻게 만지시는지를 잘 담고 있는 책이었지. 지금도 빌럼의 묘석에는 이 책 제목이 새겨져 있단다."

빌럼과 티네커가 함께 읽은 바노켄의 책 표지

"이 책에는 아주 젊은 학생 한 명이 나온단다. 미국에서 온 아주 큰 부자, 집도 크고 공원도 있는 부자 중의 부자였지. 이 청년이 어느 날 사진관에 갔는데, 아주 예쁜 여성을 보게 되었어. 여성이 아주 마음에 들었는데, 연락할 길이 없는 거야. 그래서 물건을 하나 사고 대화를 하고자 했어. 이 여인은 아주 똑똑했단다. 피아노도 잘 쳤지. 남자는 시를 잘 지었어. 둘은 금세 친해져서 사랑에 빠지게 되었고 서로를 세워 주는 좋은 관계로 발전해 나갔단다. 남자가 큰 집을 가지고 있었기에, 여자는 남자의 집에 들어가서 같이 살기로 했고, 둘만의 약속을 했지. 서로 함께 살아가고 함께 돕기로…. 그리고 이들은 아이를 갖지 않겠다고 이야기하고 서로에게 충실했어."

"사랑하는데 왜 아이를 가지고 싶어 하지 않았던 거죠?"

"이 둘은 서로를 너무 사랑하는 나머지 그 어떤 것도 둘의 관계 사이에 들어오는 것을 허락하지 않기로 한 거란다. 심지어 이들은 같이 죽겠다고까지 했어. 누군가 하나가 아파서 죽는다면 한 명은 자살을 하기로 했지. 그리고 늙어 죽을 때가 다 되어 가면 보트를 하나 사서 거기서 같이 죽어 가자고 했어. 그게 이들의 계획이었지."

이 젊은 커플은 하나님 없이 살아가던 그런 커플이었다. 이들 커플은 우리가 알고 있는 《나니아 연대기》의 저자이자 교수였던 C. S. 루이스를 만나게 된다.

"당시 C. S. 루이스는 대학 교수로도 명성이 높았단다. 루이스는 이 젊은 커플에게 말을 걸었지. 커플의 대답은 냉담했어. 이들은 기독교에 대해서 상당한 반감을 가지고 있었거든."

"루이스는 이들에게 이렇게 이야기했단다. '너희들은 아무것도 모르지만, 나는 성경을 읽어 기독교에 대해서 알고 있다.'라고 말이지. 루이스는 이 둘에게 성경을 읽은 적이 있냐고 물어보았고, 이들은 솔직하게 읽은 적이 없다고 이야기했어. 성경을 읽어 보지 않은 커플들에게 루이스는 성경을 모른 상태에서 성경을 이야기하는 건 썩 적절한 행동이 아니라고 짚어 주었단다. 루이스는 시간을 좀 줄 테니 성경을 읽은 뒤에 이야기를 하자고 했어.”

“그렇게 커플 중 여성은 성경을 읽기 시작했단다. 남자는 여자에게 질투를 느꼈지. 남자도 성경을 같이 읽고 루이스와 자주 연락을 했어. 성경을 읽는 여인은 하나님을 믿게 되었단다. 이 남자도 느리긴 했지만 하나님을 믿게 되었어. 여인은 둘 사이에 아무것도 들어오지 못한다는 약속을 취소할 수밖에 없었지. 이제 그 여인의 인생에 가장 우선되는 관계는 남자와의 관계가 아닌 하나님과의 관계가 되었기 때문이야.”

“여인은 ‘나는 먼저 하나님의 자녀이고 그다음에 당신의 아내’라고 이야기했단다. 남편은 화가 많이 났지. 그리고 하나님에게 질투를 느꼈어. 남자는 이건 약속을 깨는 것이라고 강하게 이야기했단다.”

이들에게는 믿음이 생겼지만, 예상치 못한 어려움이 찾아왔다.

“여자는 몸이 이상한 것을 느꼈어. 너무 아파 와서 병원에 갔지. 병원에 가니 의사는 여자에게 불치병이 있다고 이야기해 주었단다. 그러나 이 여인의 믿음은 더 강해져만 갔고, 하나님에 대해서 더욱 확신하게 되었어. 남자도 이제 이 여자를 보고 그 믿음이 더욱 강해졌지.”

“남자는 1인실에서 3달 동안 여자를 지켰단다. 여자는 끝내 숨을 거두었지. 남자는 믿음이 생겼기에 여자를 따라 죽는 것보다 이 여자의 마지막 순간을 끝까지 지켜 주기로 결심했어. 그녀는 죽기 전에 남자에게 10년간 하나님과 어려움들을 정리하는 시간이 필요할 거라고 했어. 그리고 남자는 여자가 죽은 지 10년이 지나고 평안을 찾았단다.'"

빌럼은 먼저 이 책을 영어로 읽었다. 그리고 네덜란드어로 번역된 책을 구매해 여행하는 14일간 부부 교제의 도구로 삼았다. 그리고 14일이 지나고서 하나님 곁으로 갔다. 하지만 티네커는 이 책을 통해 미리 하나님을 굳건히 붙들 수 있었다. 그리고 빌럼이 떠난 이후에도 평안을 찾을 수 있었다.

프랑스 경찰은 지나치게 침착하고 평온한 티네커를 의심했다. 티네커는 빌럼의 죽음과 티네커와의 연관성을 의심하는 프랑스 경찰의 모욕적인 질문을 받아 내야 했다. 프랑스 경찰은 최악의 시나리오도 가정하고 있는 듯했다. 프랑스 경찰은 어떻게 하나님께서 티네커를 준비시켰는지 알 길이 없었다. 같이 어떤 책을 읽고 어떤 생각을 하게 되었는지, 죽음의 순간에 정말 한 줄기 빛이 티네커와 빌럼을 감싸게 되었는지, 빌럼이 죽기 전 하템의 집에서 왜 시간이 없는 사람처럼 행동하고, 특별한 이메일을 보내는 식의 평소 전혀 하지 않았던 행동들을 했는지 알지 못했다. 티네커는 잘못이 없기에 경찰에서의 사건은 곧 종결되었다.

2. 빌럼을 떠나보내며

티네커는 장례식과 관련하여 보험사의 도움을 받았다. 보험사는 조용히 혼자 네덜란드로 돌아가고 싶다는 티네커의 부탁을 받았다. 비행기의 승무원들은 비행기의 7개의 열을 티네커에게 배정했다. 티네커는 아무 방해를 받지 않고 혼자 앉고 싶었다. 앞뒤로 3열씩 아무도 앉지 않았다. 티네커는 로테르담(Rotterdam)에 있는 공항에 도착했다. 티네커는 비행기를 타고 빌럼의 사망 다음 날 하템으로 돌아왔고, 빌럼의 시신은 부패를 막는 특수한 용액을 주사한 이후 프랑스에서 자동차로 운반되어 사망 닷새만인 목요일 오전 집에 도착했다.

네덜란드에 도착하고 나서 실질적인 어려움이 생겼다. 네덜란드 사람들은 보통 길게 휴가를 떠나는데, 하필 빌럼이 소천한 때는 한창 휴가가 절정인 때라 사람들이 장례식에 오기가 쉽지 않았다. 또 다른 문제로는 가족들과의 통신 문제가 있었다. 2007년만 하더라도 휴대 전화가 지금처럼 보급되지 않았다. 그래서 티네커는 라디오 방송인 세계의 소리(Wereld oproep)를 통해 막내딸을 네덜란드로 불러들였다. 가족들은 이윽코 티네커의 집에 모였다.

자녀들은 기꺼이 아버지의 시신이 있는 집에서 장례 때까지 함께 머물기를 바랐다. 티네커의 손주들도 시시때때로 티네커와 할아버지를 볼 수 있겠느냐고 물었다. 티네커는 아이들이 별 두려움 없이 할아버지의 시신을 보고자 하는 것을 좋게 생각했다. 아이들은 수시로 빌럼을 안치한 방으로 내려와 온화한 표정의 할아버지 시신을 보았다. 티네커의 자녀들도 마찬가지였다.

티네커는 빌럼의 시신을 장례식이 있는 월요일까지 집에 안치하기로 했다. 갑작스러운 죽음이었기에 장례라는 큰 행사를 준비할 시간이 많이 없었다. 네덜란드는 장례식을 위해 초대장을 보내고 신문에 광고하는 문화를 가지고 있다. 장례식이 있을 때까지 가족들은 장례식 초대 문구 내용들을 편지에 적어 두고, 장례 날짜가 확정되는 대로 편지를 보냈다.

"나는 가족들과 함께 장례식 준비를 했단다. 큰아들이 예식 전체를 기획하고, 각자 순서 하나씩을 맡았지. 사위는 피아노, 큰 아들은 오르간, 작은 사위는 트럼펫, 손녀는 플룻을 연주했어."

티네커는 구체적으로 순서가 진행되는 것을 이야기하면서 눈물을 감추지 못했다.

"내 맏아들이 장례 예식을 시작하기 위해 교회 단위에 올라갔어."

"……"(티네커는 필자와 대화 도중 흐느꼈다.)

"네덜란드 장례식에서는 사람들이 예배당에 모두 착석한 상태에서 자녀들에 의해 운구가 된단다. 운구될 때는 오르간이 연주되지. 운구는 교회에 관을 두는 곳까지 이어지고, 운구가 마치면 비로소 장례식이 시작된단다. 장례는 온전히 가족들에 의해 계획돼. 아들이 인도자로서 단 위에서 예배당을 메운 수백 명의 사람들을 보는데, 거의 모든 사람이 눈물을 흘리기 시작했어."

장례식은 큰아들의 인사말로 시작했고 성경 봉독에 이어 목사님의 메시지가 나누어졌다. 목사님은 빌립보서 4장 6절과 7절을 읽어 주고 잠시 묵상을 나누어 주셨다.

아무것도 염려하지 말고 다만 모든 일에 기도와 간구로, 너희 구할 것을 감사함으로 하나님께 아뢰라 그리하면 모든 지각에 뛰어난 하나님의 평강이 그리스도 예수 안에서 너희 마음과 생각을 지키시리라 _ 빌 4:6-7

이어 가족들의 음악 연주가 있었고, 티네커도 단위에 올라 손님들에게 메시지를 건넸다.

"나는 비행기에 3시간 홀로 앉아 있을 동안 전할 말을 적었단다. 나와 빌럼은 우리 둘 중 한 명이 소천하게 되면 나머지 한 명이 메시지를 전하기로 약속했거든. 나는 약속한 대로 빌럼의 인생에 대한 아름다운 이야기를 사람들에게 전해 주었어."

"나는 빌럼을 알게 된 후로 빌럼을 통해 많은 것을 배웠습니다. 빌럼은 아주 강한 믿음과 약한 몸을 가지고 있었습니다. 나는 매년 빌럼의 생일이 찾아올 때마다 하나님께 감사했습니다. 또한 하나님께서 다섯 아이를 주셔서 정말 감사했습니다. 빌럼이 제 곁에 오랫동안 있어 주어서 정말 놀랍습니다. 저는 빌럼과 한 살 한 살 나이가 들어가는 것이 참 좋았습니다. (목소리에 힘을 주어) 빌럼은 아주 강한 사명이 있었습니다. 그는 사람들을 일깨우고자 했습니다. 가랑비에 옷이 젖듯이 사람들의 미술 감상에 잔잔한 영향을 주고 싶어 했습니다. 또한 미술이 주는 좋지 않은 영향력과 맞설 수 있도록 사람들을 무장시키고자 했습니다. 성경에서 말하는 '영을 분별하라'는 말과 같이, 미술이 어떤 정신을 따라 만들어졌는지 구분하는 것을 돕고자 했습니다. 빌럼은 기독교인들이 미술이 주는 조용하지만 거대한 영향력에 대해서 잘 모르는 것을 안타까워했습니다. 그래서 개혁파의 관점으로 미술을 연구하고 글을 써왔습니다. 빌럼이 떠나기 전 마지막으로 쓴 책은 20세기 이후 미술에 대한 고민들이었습니다. 그는 신체장애가 있음에도 글을 썼습니다. 이 모든 일을 하나님을 위해 했습니다. 그는 증인으로서 그림을 만들고, 사람들에게 세상의 주인은 하나님이시라는 것을 이야기하고자 인생을 바쳤습니다."

티네커의 이야기가 끝나고 바흐의 〈Bist Du bei mir〉가 CD를 통해 재생되었다. 이 노래 제목의 뜻은 '당신은 나와 함께 있습니까?'였다. 장례식은 가슴 아픈 시간이긴 하지만 또한 고인을 기억하며 마음에 따

듯한 위로를 얻는 아름다운 시간이기도 했다.

"그 시간은 아주 특별한 시간이었단다. 바캉스 때문에 사람들이 멀리 나가 있는 경우가 많았지만, 많은 사람이 빌럼의 장례식에 참여해 주었어. 교회가 가득 찰 정도였으니까. 우리는 커피와 빵을 준비해 손님들이 교회 홀에서 대화를 나눌 수 있도록 하기도 했어. 편지도 많이 받았고, 많은 이들이 우리 집에 방문했지(저자 주: 네덜란드는 전통적으로 시신을 처리한 후 얼굴을 공개한 상태에서 관을 집에 일정 기간 두며 손님들을 맞이한다). 빌럼은 청 반바지를 입은 상태로 관에 누워 있었단다. 네덜란드에서는 시신에 아름다운 옷을 입히지 않거든.*"

빌럼의 사망 소식은 신문을 통해 전 네덜란드로 타전되었다. 티네커의 집에는 장례 이후에도 휴가 기간 장례식에 참석하지 못한 조문객들의 발길이 이어졌다. 많은 위로의 편지도 받았다. 빌럼은 비록 한국에서는 전혀 알려지지 않았지만, 네덜란드 해방파에서는 없어서는 안 될 매우 중요한 사람이었다. 티네커는 빌럼의 교회 관계와 다른 사람들과의 관계에 대해서도 이야기했다.

"빌럼은 네덜란드의 많은 개혁파 교단 중에 거의 유일하게 하나님과 미술과 세상에 관하여 글을 쓴 사람이었어. 그런데 빌럼은 신앙

---

* 네덜란드에는 종이관, 갈대로 만든 관, 나무 관 등을 자유롭게 선택하여 장을 치른다. 개혁파 성도들은 보통 화장을 하지 않고 교회 장지에 매장을 한다.

도 좋고 많은 존경을 받고 있었으면서도, 교회에서 장로 직분을 맡길 원치 않았단다. 남편과 아버지, 그 이상의 것을 감당할 만한 여력이 없었지."

빌럼의 장례식에 네덜란드 전역에 있는 해방파 신도들이 오게 된 이유가 여기에 있었다. 빌럼은 엘리트들만을 위한 글을 쓰지 않았다. 평신도와 아이들을 위한 글을 썼다. 하지만 빌럼이 모든 사람에게 환영받은 것은 아니었다. 해방파에는 빌럼을 강하게 비판한 두 명의 신학 교수가 있었는데, 한 명은 캄펀신학교를 설립한 클라스 스킬더의 사촌이자 구약을 가르쳤던 허먼 요하네스 스킬더(Herman Johannes Schilder)이고 다른 한 명은 캄펀신학교에서 가장 열려 있다는 평가를 받았던 윤리학 교수인 다우마(Jochem Douma)였다.

다우마 교수는 개혁파 정통 신학에 깊은 뿌리를 두고 있는 사람으로서, 현 해방파 교단의 여성 안수를 받아들이지 않아 2014년 11월 15일 교단을 떠났다. 그리고 여성 안수를 반대하는 다른 교회들과 연결되었다. H. J. 스킬더와 다우마는 빌럼이 미술에 지나치게 의미 부여하는 것에 대해서 불쾌함을 표현했다. 미술에 과도한 성경적인 혹은 신학적인 잣대를 들이대면 안 된다는 이야기였다. 이 두 신학 교수와 빌럼은 개혁파 일간 신문에서 공개적인 논쟁을 주고받기도 했다. 게다가 두 교수는 빌럼의 책에 대하여 선 넘는 비판의 글을 쓰기도 했다.

빌럼은 신학 교수라면 신학의 영역 안에서만 활동하는 것이 좋다고 이야기했다. 빌럼은 '청소를 하는 사람이라 하더라도 교수는 그들을 무시할 수 없다. 그들은 모든 것을 깨끗하게 하는 전문가들이기 때문이다. 당신이 비록 신학을 많이 배웠다 할지라도 타인의 분야에 속한 것을 쉬이 평가하지 말아야 한다.'라는 논리로 이들을 반박했다.

두 교수는 예술을 즐기기 위한 것으로만 생각했다. 빌럼이 염려했던 것도 바로 이 부분이었다. 사람들은 예술을 그저 즐길 대상으로만 단순하게 생각했다. 빌럼은 어떤 영적인 이야기가 그 안에 작용하고 있는지를 보아야 한다고 이야기했다. 빌럼은 미술 작품들에 대한 영적인 분별은 곧 성령의 전신갑주를 입는 것이라고 생각했다.

이런 논쟁을 촉발시킨 다우마 교수는 빌럼과 불편한 관계였지만, 빌럼의 장례식에 참석했다. 티네커는 다우마가 그 자리에 있는 것을 알아차릴 수 있었다. 다우마는 티네커에게 다가와 악수했다. 티네커는 다우마의 마음이 이전과 다르다는 것을 느낄 수 있었다. 티네커는 다우마를 따뜻한 눈빛과 악수로 맞았다. 이 둘만 이해할 수 있는 특별한 메시지를 주고받은 것이다. 누구도 다우마 교수가 장례식장에 찾아올 것이라 예측하지 못했다.

장례는 많은 슬픔과 또 위로 가운데 마무리되었다. 티네커는 이제 갑작스럽게 찾아온 과부의 생활을 해나가야 했다. 티네커의 나이 62살에 찾아온 갑작스러운 변화였다.

3. 티네커, 너는 혼자 서 나가야만 해

"남편이 천국으로 가고 나서 나는 너무나 힘들었단다. 나는 다시 살아 가야 할 이유를 찾아야만 했어. 빌럼이 죽기 전에 내 삶은 완전히 빌럼 의 생활과 함께하는 생활이었거든."

티네커는 남편이 죽은 이후 드디어 자신의 삶 가운데 믿음의 '홀로 서기'가 시작되었다고 이야기했다. 이 홀로서기는 결코 쉬운 일이 아니 었다. 하지만 때를 따라 돕는 하나님의 은혜가 티네커와 항상 함께했 다. 갑작스러운 연락이 왔다.

"빌럼이 사망한 지 1년 이후, 네덜란드 교육부 장관을 역임했던 아리 슬롭(Arie Slob)*의 아내로부터 연락이 왔단다. 그분은 우리 아이들이 독 립한 이후 내가 특수 학교에서 일할 때의 동료였어. 갑작스러운 연락

---

* 아리 슬롭은 즈볼러에 위치한 해방파 학교인 흐레이다누스 중고등학교에서 교사를 한 후 네덜란드 정치의 중심지인 헤이그(Hague)에 진출했다. 그는 네덜란드 교육부 장관을 연임했고, 기독 정치 발 전과 네덜란드의 다원성 교육을 지키기 위해 애를 썼다. 네덜란드의 다원성 교육은 소수 집단인 기 독교 학교를 지키기 위한 토대를 놓는 노력이라 할 수 있다.

이었지. 아리의 아내는 내게 단둘이 런던을 여행하고 오자고 제안했
단다. 내게는 엄청난 선물이었지. 우리는 영국 런던에서 죽음에 관련
한 이야기를 많이 나누었어.”

마음을 나눌 사람이 있다는 건 참 좋은 일이었다. 아리 슬롭 가정은
티네커와 같이 하템에 거주하고 있었다. 이 둘은 아주 친한 사이는 아
니었지만, 홀로 남겨진 티네커를 향한 그리스도 안에서의 사랑이 이 둘
의 여행을 가능하게 했다. 티네커와 아리는 영국에서 좋은 시간을 보내
고 돌아왔다. 티네커가 돌아온 집은 텅 비어 있었지만, 티네커는 항상
빌럼과 함께 있다고 느꼈다. 하지만 실제 빌럼은 없었다.

티네커는 여유 있게 남편에 대한 감정을 정리할 시간을 가지지 못했
다. 해야 할 많은 일들이 뒤따랐기 때문이다.

“실제로 처리해야 할 일이 많이 생겼어. 행정사도 찾아가야 했고, 시
청에서 빌럼의 사망 관련 서류들을 제출해야 했지. 아주 힘든 시간이
었어. 세금도 처리해야 하고, 남편의 보험도 정리해야 했고, 빌럼이 생
전에 해두었던 약속들도 다 취소해야 했지. 빌럼이 사용하던 이메일
계정도 정지해야만 했단다.”

갑작스럽게 미망인으로 살아가는 일은 몹시 고되었다. 사람들은 빌
럼과 항상 같이 다니던 티네커에게 빌럼의 역할을 계속해 달라고 요청
하기도 했다.

"나는 할 수가 없었고, 하고 싶지도 않았단다. 그런 일은 빌럼과 같이 깊이 공부한 사람만 가능한 일이었지. 나 혼자 할 일이 아니었어. 빌럼의 친구들에게서도 연락이 왔고, 수많은 친구들이 우리 집에 방문했단다. 수개월 동안 빌럼의 친구들이 휴가를 마치고 우리 집에 찾아왔지. 나는 어떻게 일이 진행되었는지를 이야기했어. 내 고민은 어떻게 우리가 빌럼이 했던 일들을 마무리할지였어. 그 부분이 참 어렵더라."*

교회에서도 어려움이 따랐다. 빌럼은 목에 장애가 있었기 때문에 목을 편안하게 해줄 수 있는 의자가 있는 그만의 고정석이 교회에 있었다. 빌럼의 자리가 정해져 있기에, 아내인 티네커의 자리도 항상 고정되어 있었다. 이제 티네커는 교회에 가도 어디에 앉아야 할지 몰랐다. 빌럼도 없고 그의 자리도 교회에 없었다. 경건 생활도 남편과 함께하는 것이 아닌 홀로 해야 하는 일이 되어 버렸다. 미망인이 된다는 것은 영적인 동반자가 사라졌다는 것도 의미했다.

"우리는 정말 자주 같이 기도를 했단다. 빌럼이 기도를 인도하고 나는 따라갔지. 우리는 식사 때마다 식탁에서 같이 기도했어. 식사를 하기 전에 기도하고 식후에 시편찬송을 불렀지. 자기 전에는 함께 무릎을 꿇고 기도했어. 빌럼과 한 몸이 되어 기도한 셈이지. 그런데 이제는 상황이 달라졌단다. 스스로 기도해야 했지. 끔찍한 어려움이었어."

---

* 빌럼의 사후 1년 뒤 빌럼의 시집 《닻을 올리다》가 출판되었다. 많은 사람들이 하템의 성 안드레아 교회에 찾아와 빌럼을 기억하고, 빌럼의 시를 노래로 만들고, 합창단을 만들어 함께 노래를 불렀다.

개혁파 성도들은 인간 세상의 가장 작은 단위를 개인으로 보지 않고 가정으로 보았다. 개혁파 신앙고백은 인간과 하나님이 직접적인 관계를 맺는 것을 중요하게 생각하는데, 이는 곧 가족들이 하나가 되어 하나님과 관계를 가진다는 것을 의미한다. 가정에서 가족들이 식사하기 전 같이 성경을 읽고 기도하는 것도 개인이 아닌 온 가족이 하나로 하나님을 만나는 것을 중요하게 생각하는 신앙의 전통이 있기 때문이다.[*]

> "두세 사람이 주님의 이름으로 모인 곳에 주님도 함께 계신다고 했는데, 항상 혼자인 나는 어떡하지 싶어 힘들었단다. 이것 때문에 슬픔을 느낄 때도 종종 있었어."

티네커는 이제 과부로서 예상치 못했던 1인 가구의 가부장이 되었다. 남편의 죽음은 갑작스러웠고, 준비할 수 있는 틈도 없었다. 하지만 티네커는 매년 하나님께서 빌럼의 생명을 연장시켜 준 것에 대해 감사했다. 그러하기에 갑작스러운 죽음은 그리 힘들지 않았다. 오히려 티네커를 바라보는 사람들이 어려움을 더 느꼈다. 교회도 과부가 된 60대 여성을 어떻게 대해야 하는지 알지 못했다. 티네커는 교회에서 따뜻함을 느끼기 어려웠다. 하지만 이런 상황을 탓하지 않았다. 하나님과의 관계는 궁극적으로 교회를 통해 맺어지는 것은 아니기 때문이었다.[**]

---

[*] 네덜란드에 민주주의가 본격적으로 도입된 19세기 후반에 아브라함 카이퍼는, 이런 것을 감안하여 '가부장 투표권'을 주장하기도 했다. 카이퍼에 따르면 투표할 때 가족 내 대표자 1인이 투표해야 하는 것이 더 바르다는 것이다.

[**] 네덜란드의 가족이 신앙을 기르는 방식은 이런 방식이다. 특별한 교재와 프로그램을 통해 가정이 하나님과 가까워지는 것이 아니다. 우리로 치면 가장이 대표 기도를 하고 아내는 그 기도에 동참한

"나는 스스로 기도를 빚어 가야 했단다. 내가 홀로 남겨졌어도 하나님의 은혜로 나의 신앙의 성장은 잘 이루어져 갔어. 혼자 하는 기도가 점점 자리를 잡아 갔지. 그런데 기도와는 다르게 혼자서 성경을 읽는 건 아주 어려웠어. 같이 성경을 읽고 성경에 대해 코멘트를 해주는 빌럼이 이제 없어서…"

"그래서 나는 성경 전권을 읽어 봐야겠다는 소망을 가졌단다. 어디서부터 성경을 읽어야 할지 도무지 감이 오지 않아서 한 결정이기도 해. 나는 특히 이사야서를 깊게 읽었단다. 이사야서는 나의 감정을 들었다 놨다 했어. 그런데 이사야를 혼자서 읽다 보니 내용을 부분적으로만 이해하게 되더라고. 내용이 너무 어려웠지. 그렇게 깊게 읽었으면서도 너무 어려웠어. 빌럼이 함께 있었다면 겪지 않아도 될 어려움이었지. 왜 사람들은 이사야의 긍정적인 내용만 이야기하는지 이해하기가 어려웠어. 이사야서의 이스라엘 사람들의 삶은 좋을 때도 있었지만 아주 힘들 때도 있었거든."

"그래서 화가 났다가, 또 일부는 이해가 되어 기쁘기도 하셨군요?"

"그렇지, 나는 혼자서라도 성경을 잘 이해하기 위해서는 다른 사람들의 도움을 받아야겠다고 생각했단다. 그래서 성경을 읽는 데 도움이

다. 그리고 같이 성경을 꺼내어 읽으며 한두 마디 하나님에 관한 이야기를 나누고 아버지나 어머니가 성경의 내용을 설명해 주는 것이 가정 경건회의 모습이다.

되는 책들을 집어 들었지. 특별히 《관점으로 읽는 스터디 바이블》(아펠도른 신학교 교수 에릭 페일스, 캄펀 신학교 교수 판 하울링언 공동편집), 《성경을 여는 열쇠》(영국의 복음주의 신학자 데이빗 퍼슨 저)의 도움을 많이 받았고, 매일 영적인 유익을 주는 네덜란드의 기독교 케이블 방송 채널인 〈패밀리 7〉의 도움도 많이 받았어. 그리고 슬픔이 내게 갑자기 몰려올 때면 나는 항상 시편찬송을 부르며 그 슬픈 시간을 견디곤 했단다.”

티네커는 과부가 된 이후 독립적인 신앙생활을 추구했지만, 고립된 신앙을 추구하지는 않았다. 하나님께서 마련해 두신 도움의 손길들을 적극적으로 활용했다. 사랑하는 한 사람을 잃어버렸고, 이 고통은 감당하기 힘든 것이었지만 이 때문에 신앙의 새로운 세계가 열렸다.

한국 사람들에게 다양한 신앙의 자료를 활용하는 것은 너무도 당연한 일이지만, 해방파 성도들에게 있어 다른 교파 사람들의 이야기를 듣는 것은 티네커가 젊은 시절만 하더라도 그리 자연스러운 일이 아니었다. 해방파 성도들은 나치 등의 국가주의와 독재 자본주의의 끊임없는 욕망 추구에 대해 적극적으로 비판했었는데, 이런 강력한 반문화적 태도가 티네커의 어린 시절 다소 폐쇄적으로 보이는 신앙을 갖게 하기도 했다.

해방파의 기독교 세계관이라는 것은 변혁적인 것과 동시에 강력한 ‘내집단’을 형성하는 목적을 가지고 있었고. 티네커는 이런 개혁파 기독교 세계관으로 어릴 적부터 단단히 무장되어 있었다. 개혁파 성도가 아니면 구원도 없다는 믿음을 가진 집단에 속해 있었다. 그러나 빌럼을 만나고 티네커의 세계는 넓어졌다. 빌럼은 강한 개혁주의의 믿음을 가지고 있었지만, 그 안에만 머물러 있지 않고 자신이 가진 생각을 가지고 다른 사람들과 대화하고 토론했다.

티네커도 이런 빌럼의 영향을 적잖게 받았다. 비록 해방파의 신학자가 아니라 할지라도 신앙적인 유익을 누릴 수 있다면 도움의 손길을 내밀어 도움을 받았다. 티네커는 이런 과정을 부정적으로 생각하지 않았다. 해방파가 속한 개혁파 교회의 정체성은 "끊임없이 개혁해야 하는(*semper reformanda*) 교회"이다. 티네커도 해방파만 진리라고 믿는 정체성에서 시작해 다른 성도들과 교제를 통해 신앙의 유익을 얻을 수 있다는 방향으로 삶의 테두리를 넓혀 갔다.

> "나는 이런 도움을 통해 예수 그리스도에 대해 더 잘 알게 되었단다. 이사야가 예수님에 대한 예언이라는 것을 잘 이해하게 되었지. 이사야서가 일관성이 없어 보이는 것 때문에 한편으로는 어렵기도 했지만, 거기에 나타난 찬송과 사랑과 믿음이 내게 아주 아름답게 느껴졌어. 문학적으로도 수준이 높고, 시들도 매우 감격적으로 다시 다가오게 되었지."

그러나 외로움은 쉬이 떠나가지 않았다.

> "외로움은 사라지지 않고 항상 내 곁을 맴돌았단다. 빌럼이 항상 내게 풍성한 것들을 주었는데, 이제는 그게 멈춰 버렸으니 말이야. 느껴졌던 빌럼의 사랑, 함께했을 때의 따뜻함, 그리고 빌럼이 내 곁에 있는

것과 결혼 안에서만 누리는 귀한 것들이 다 끝나게 된 거지.”

“빌럼과 함께 있을 때는 빌럼과 하나로 느껴졌는데, 이제는 내 몸이 내가 아닌 것처럼 느껴진단다. 빌럼이 나를 만져 주고, 서로를 쓰다듬고, 손을 잡고, 서로의 몸을 귀하게 생각해 주는 것이 이제 다 끝나 버렸거든. 그이가 떠나고 나니까 너무 춥더라. 항상 나를 따뜻하게 해주었는데 말이야. 그이가 나를 안아 주고 품어 줄 때 내 몸이 내 몸으로 느껴졌단다. 나는 지금도 빌럼의 손길이 그리워. 그이의 귀도 그립고 눈도 그립고…. 빌럼이 나를 그윽하게 바라볼 때의 그 눈빛을 다시 느낄 수가 없게 되었으니, 내 인생의 아주 깊은 기쁨이 사라져 버린 거야. 그이는 항상 나의 모든 것이 아름답다고 이야기해 주었는데 말이야…”

“나는 사랑이 많이 필요한 사람인데, 그 큰 사랑이 사라져 버린 거야. 뭐 대단한 일에서 어려움이 있었던 건 아니야. 매일 함께 숲길을 산책하고, 자전거를 타고, 팔짱을 끼고 다녔던 사람이 없는 슬픔을 … 혹시 아니? 처음 혼자 교회에 가는 그 끔찍한 느낌은 아직도 잊을 수가 없단다. 아이들을 혼자 보고, 생일을 혼자 맞이하고, 손자를 보고, 어떤 기쁜 일과 슬픈 일이 있어도 혼자가 되어 버린 나에게는 모든 것이 슬픈 일이 되어 버렸지.”

“가장 힘들다고 느껴지는 점은, 그 고통이 누군가에게 이야기하거나 이해받기 힘든 고통이라는 점이야. 갑작스럽게 남편을 잃어버린 고통은 겪어 보지 않고서는 알 수가 없으니까. 공감할 수 없는 사람에게 이야기해 봐야 이해받을 수도 없거든. 나는 움직일 힘은 있었지만, 세상이 안전하게 느껴지지 않았어. 편안하게 노래도 부르고, 웃기도 했지만 너무 큰 고통이 계속해서 마음 깊숙한 곳을 찔러 왔단다."

빌럼의 장례 이후 티네커는 빌럼에 대한 그리움뿐만 아니라, 5세 때 돌아가신 아버지에 대한 그리움도 밀려 왔다.

"나는 갑자기 아버지가 더 이상 곁에 없다는 생각에 너무 슬퍼졌단다. 아버지 없이 살아간 지 60년이 다 되어 가지만, 기억이 흐릿하게나마 남아 있는 아버지를 떠올렸어. 아버지는 돌아가셨지만 내 마음 한편에는 여전히 아버지가 머물러 계신 것 같았거든. 나는 가끔 아버지 꿈을 꾸었는데, 아버지가 나의 남편과 자녀들을 보지 못했다는 사실이 슬프더구나. 아버지는 나를 이해할 것이라고 생각했거든. 그런데 그건 나만의 바람이었지. 내가 너무 외로워서 그런 마음이 생겼던 것 같아. 아버지가 돌아가시고 나서는 그리 슬프지 않았었는데, 빌럼이 죽은 이후에 아버지에 대한 큰 그리움과 슬픔이 찾아오더라고…"

티네커의 인생은 그리 순탄한 인생은 아니었다. 해방파의 후손으로 그녀의 아버지는 나치에 대항하여 싸웠고, 어머니는 평생을 굳건한 신앙 아래 외로움을 견디고 살아갔다. 그렇다면 후손들의 삶은 잘 풀리는 게 맞는 듯한데, 하나님의 섭리는 그렇지 않았다. 티네커는 아버지를 일찍 여의어야 했고, 두 쌍둥이를 태중에서 잃어버렸고, 남편까지 잃어 버렸다.

티네커는 남편이 세상을 떠난 후에 묵혀 왔던 5세 때 돌아가신 아버 지와의 깊은 연결 고리를 찾았다. 더 쉽게 이야기하면, 티네커는 아무 것도 모를 때 아버지를 여의었지만 아버지를 아주 깊게 사랑하고 있었 고, 그 사랑은 티네커의 삶에 깊은 영향을 주고 있었다.

> "처음에 나는 아버지와 내가 그렇게 연결되어 있는 것을 몰랐단다. 고 향 흐로닝언을 떠나 하템으로 왔을 때 왜 그렇게 슬펐는지 그때는 알 지 못했지. 그런데 가만 생각해 보니, 하템은 내가 태어난 곳이기도 하 고, 더 중요하게는 나의 아버지께서 내 인생의 믿음의 기반을 닦아 주 신 곳이었어."

티네커는 흐로닝언에서 아주 작지만 심오한 생각을 가진 아이였다. 티네커가 겨우 말을 하기 시작할 때 아버지가 돌아가셨지만, 어머니께 서는 아버지에 대한 사랑의 마음을 아버지의 묘비 문에 잘 남겨 두었 다. 그 문구는 "나의 사랑하는 사람과 아이들의 아버지 폽코 부어를 부 활의 순간까지 이곳에 묻어 두다. 이는 내게 사는 것이 그리스도니 죽 는 것도 유익함이라"였다.

> "나는 아버지의 무덤에 주기적으로 갔단다. 아버지의 무덤에 가는 것 이 그렇게 좋더구나. 아버지의 묘비에 쓰인 문구를 읽는 것도 너무 좋

앉어. 우리 엄마는 죽음 앞에서 하나님의 섭리를 확실하게 믿고 계셨단다. 장례식 초대장에 쓰인 성경 구절은 욥기 1장 21절 말씀 '주신 분도 하나님이시요 취하신 이도 하나님이시다.'였지. 아버지는 하나님이 데리고 가신 것이고, 그 가운데서 하나님이 찬송을 받으셔야 한다고 엄마 생각하셨어. 우리 엄마는 밖에서 볼 때는 아주 용감한 여성이었지만 집에서는 자주 슬퍼하셨단다. 그래서 당시 우리 4남매는 엄마를 즐겁게 해드리기 위해 무엇을 해야 할지 고민하고 노력했지. 엄마가 집에서 나가면 청소 따위의 일들을 했지만, 엄마의 슬픔이 시작되면 우리는 매우 고통스러웠단다?"

티네커는 어머니와 함께 살았지만, 어머니에 대해 지나치게 큰 책임감을 어린 나이에서부터 가지고 있었다. 공부와 일상생활에서 티네커는 홀로 책임지지 않으면 안 될 상황들이 있기에 주변 친구들을 보며화가 나기도 했다. 이런 상황에서 티네커는 아버지가 계속해서 자신과연결되어 있다는 생각을 놓지 못했다. 사실상 어머니는 티네커에게 힘이 되어 주지 못했다. 도리어 기억이 거의 남지 않은 돌아가신 아버지가 도리어 티네커에게 힘이 되었다.

4. 주여, 당신의 길을 내게 보여 주소서

티네커를 도왔던 사람들이 많이 있었지만, 궁극적으로 티네커를 가장 크게 도왔던 분은 바로 하나님이셨다. 티네커는 자신의 신앙에 대해 설명했다.

"나는 어릴 적부터 돌아가신 아버지를 다시 만날 수 있다고 믿고 있단다. 삶은 죽음 이후에 끝나지 않잖아. 죽음 이후에 다시 보게 될 것을 믿어. 내가 이 땅에서 안식하며 살아갈 수 있는 것도 내가 하나님의 것이라는 믿음이 있기 때문이란다. 내게는 하늘 아버지(하나님)께서 계시니까. 로마서 8장 31-39절은 죽음에 대한 나의 신앙 고백이야."

그런즉 이 일에 대하여 우리가 무슨 말 하리요 만일 하나님이 우리를 위하시면 누가 우리를 대적하리요 자기 아들을 아끼지 아니하시고 우리 모든 사람을 위하여 내주신 이가 어찌 그 아들과 함께 모든 것을 우리에게 주시지 아니하겠느냐 누가 능히 하나님께서 택하신 자들을 고발하리요 의롭다 하신 이는 하나님이시니 누가 정죄하리요 죽으실 뿐 아니라 다시 살아

나신 이는 그리스도 예수시니 그는 하나님 우편에 계신 자요 우리를 위하여 간구하시는 자시니라 누가 우리를 그리스도의 사랑에서 끊으리요 환난이나 곤고나 박해나 기근이나 적신이나 위험이나 칼이랴 기록된 바 우리가 종일 주를 위하여 죽임을 당하게 되며 도살 당할 양 같이 여김을 받았나이다 함과 같으니라 그러나 이 모든 일에 우리를 사랑하시는 이로 말미암아 우리가 넉넉히 이기느니라 내가 확신하노니 사망이나 생명이나 천사들이나 권세자들이나 현재 일이나 장래 일이나 능력이나 높음이나 깊음이나 다른 어떤 피조물이라도 우리를 우리 주 그리스도 예수 안에 있는 하나님의 사랑에서 끊을 수 없으리라 _롬 8:31-39

"예수님께서 나의 주님이시고 나의 구원자이시기에, 나는 이 기반 위에 나를 세울 수 있단다. 하나님께서는 우리의 삶에 대한 계획을 가지고 계셔. 하나님을 따라가는 삶을 삶으로써 그 계획과 비슷하게 삶을 살기를 원하시지. 죽음을 포함한 그 어떤 것도 하나님의 사랑에서 나를 끊을 수가 없단다. 아버지는 일찍 돌아가셨지만, 나의 진짜 아버지는 항상 계신단다. 참! 내게 감동을 주는 하나님의 말씀은 하나님께서 항상 깨어 계시고 주무시지 않는다는 말씀이야. 내가 가는 길은 내가 잘 모르지만 하나님께서 내 삶을 지켜 주신다는 것이 내 마음을 항상 울린단다."

티네커는 이 구절과 함께 시편찬송 '시편 27편'의 7절, '시편 25편'의

2절[*], '시편 86편'의 4절을 '소망의 찬송'으로 삼았다.

<시편 27편> 7절

만일 나의 영혼이 하나님의 선하심과 도우심을 즐거워 한다는 것을

내가 이 인생에서 믿지 않았었다면,

나의 하나님, 어디에서 나의 소망과 용기를 찾을 수 있겠습니까?

나의 슬픔과 애통 가운데 나의 존재는 사라져 갔습니다마는

하나님의 신실하심으로 말미암아 나의 용기는 회복되었습니다.

약함 가운데 하나님의 능력은 완전해졌습니다.

강하라! 담대하라! 믿고 기다리라!

고로 기다립니다. 기다립니다. 주님만을 의지합니다!

나의 슬픔과 애통은 모두 사라졌습니다.

<시편 86편> 4절

당신의 뜻대로 행하는 것을 가르쳐 주세요.

당신의 진리 가운데 걷게 해주세요.

그 이름을 두려워할 수 있도록

모든 나의 마음을 붙들어 주세요.

주 나의 하나님, 나는 당신을 찬양합니다.

나의 마음을 높이 듭니다.

그렇습니다. 당신의 이름과 그 위대함!

---

[*] 조금 뒤에 〈시편 25편〉의 2절을 소개한다.

나는 영원, 영원히 찬양할 거예요.

"나는 이 시편을 노래하면서 내 맘에는 항상 두 가지의 선택이 있다고 생각한단다. 하나는 우리와 함께하시는 하나님을 찬양하는 것이고, 하나는 하나님을 대적하는 것이야. 나는 어려운 상황 중에도 하나님을 찬양하는 것을 계속해서 택하려 했단다. 그러나 하나님과 함께하는 삶에 대해서 마음을 어렵게 만드는 한 가지 부분이 있었지."

"그건 아주 어릴 적부터 시작한 신앙적 고민이었어. 나는 영원히 사는 삶이 그리 좋지 않았단다. 끝이 나는 것이 좋았지. 나의 머리로는 도무지 영원한 것을 이해할 수가 없었으니까. 성경을 읽으면서 하나님께서는 영원에 대해서 잘 알고 계실 거라고 확신했지만, 나는 영원에 대해서 도무지 알 수가 없었지."

"또 다른 하나의 신앙적인 문제는 어릴 적부터 죄가 무엇인지에 대한 고민이었어. 나는 어릴 적 내가 무엇을 잘못했는지를 찾기가 어려웠단다. 매일 저녁 곰곰이 생각해 봐도 알기가 어려웠지. 그러나 성경을 읽으며 무엇이 죄인지, 내 안에 무엇이 있는지를 발견할 수가 있었단다. 빌럼은 그런 나에게 한 성경 구절을 통해 영원에 대해 많은 것을 깨닫게 해주었어. 그 구절은 바로 베드로후서 3장 18절이야."

오직 우리 주 곧 구주 예수 그리스도의 은혜와 그를 아는 지식에서 자라 가라 영광이 이제와 영원한 날까지 그에게 있을지어다 _벧후 3:18

"영원한 날은 성경에 '날들', 복수로 표현되어 있지 않아. 단수로 표현 되어 있지. 이 '날'은 어둠도 있고 밝음도 있는 날이 아니란다. 항상 밝 은 빛이 함께하는 날이지. 이 영원의 날은 하나님께서 만드신 날이야. 빌럼은 현대 미술가들이 이 현실에 대해서 의구심을 품는 것에 대해 서 비판했단다. 하나님이 만드시는 현실보다 더 나은 현실은 존재할 수가 없다고. 그러나 현대 미술가들은 자신이 만든 것이 하나님이 만 드신 것보다 더 아름다울 수 있다고 믿었지. 영원의 날은 그렇게 어둠 이 없고 항상 빛만 있는 날이라는 것을 알고, 나는 영원에 대해서 이해 하고 평안을 얻게 되었단다."

티네커는 이런 영원의 삶을 생각하며 시편찬송 25장 2절을 자신의 인생에서 가장 중요한 고백으로 삼았다. 네덜란드 시편찬송은 평생에 걸쳐 불리는 찬송가이다. 이 시편찬송을 배우는 것이 티네커가 어릴 적 기독교 학교에 가는 이유 중 하나였다.

필자는 시편찬송을 티네커와 매일 아침 한 절씩 부르고 있다. 그렇 게 해나간 지 어느덧 2년이 다 되어 간다. 시편찬송의 가사는 시편의 시를 그대로 담고 있다. 직접 이 시편찬송을 매일 부르며 느끼는 것은 이 시편찬송은 가사와 멜로디가 화려하거나 거창하지 않다. 현실적인 믿음에 대한 찬송이다.

이 가사는 덤덤한 삶의 고백이면서 직관적이고 때로는 노골적이며, 지성인의 가사라고 보기에는 거친 표현도 적지 않다. 나는 이 시편이 어깨에 힘을 빼고 마음으로 공감하며 부를 수 있는 참되고 쉬운 고백이 아닐까 감히 이야기해 본다. 티네커는 영원에 대한 자신의 고백이 담긴 시편찬송가 시편 25편의 2절을 소개했다.

<시편 25편> 2절

주여, 당신의 길을 내게 보여 주소서.

내 발이 안전하게 내딛을 수 있는

내 마음을 사랑의 마음으로 만드는

기쁘게 설 수 있는 그곳을

하나님, 내가 갈망하는 구원의 하나님.

나를 당신의 진리로 인도하시고

밤낮으로 나를 가르치소서.

내가 종일 당신을 예배하리이다.

이 시편은 티네커의 인생을 함축적으로 보여 준다. 그녀는 하나님의 백성으로 하나님의 인도하심을 구하며 일평생을 살아왔다. 티네커는 전쟁이 끝난 직후인 1945년에 태어나 5년 뒤에 아버지를 잃었다. 공부할 돈이 없었지만 여교사가 되고 싶었던 소녀 티네커는 미국에 사는 고모의 도움으로 겨우 교사가 될 수 있는 교육 과정을 마칠 수 있었다.

달콤한 신혼이 시작되었지만, 그 행복은 오래가지 못했다. 남편은 사고를 당해 정상적인 활동을 하기가 어려워졌고, 태중의 쌍둥이 한 명이 죽고 한 명은 의지적으로 의사를 통해 제거해야 했던 형용할 수 없는 슬픔을 감당해야만 했다. 남편이 국가의 도움으로 사명에 집중하고 자녀가 독립하여 편안한 삶이 당도하자마자 남편은 하나님의 품으로 돌아갔고, 티네커는 과부로서 완전히 낯선 삶을 다시 살아가야 했다.

티네커는 인간적인 관점으로 비극의 주인공이 될 수 있지만, 항상 하나님의 길을 구하고 하나님의 도우심을 구함으로 이 어려움들을 견뎌 낼 수 있었다. 어려운 상황이 극복될 수는 없었지만, 하나님의 인도하심과 사랑을 갈망하며 하나님을 찬양하는 삶을 살게 되었다.

티네커는 남편의 사망에도 하나님 앞에 감사할 수 있었다. 감정은 슬프지만 하나님이 보여 주시는 인도하심의 확신 가운데 흔들리지 않는 하나님의 사랑을 다시 확인했다. 해방파 성도들의 삶에는 기독교 정당과 신문사와 같은 사회 참여적인 부분도 있었지만, 시편찬송과 성경 말씀을 붙들며 삶의 고비를 넘기는 개인적인 신앙의 경건도 깊게 자리 잡아 있었다.

티네커는 필자에게 신앙 교육의 핵심은 하나님과 자녀를 사랑하고, 자녀를 위해 기도하는 것이라고 이야기했다. 교리 교육을 무슨 일이 있어도 해야 하고, 기독교 역사를 빠짐없이 알아야 하며, 성경을 잘 배워가는 순종적인 아이들로 아이를 키워야 하는 것은 이차적인 것이라고 말했다.

교리와 기독교 역사 그리고 성경공부는 예컨대 수험생들에게 있어

참고서나 문제집과 같다. 이런 것들은 공부를 좋아하는 아이들에게는 도움이 될 수 있지만, 공부 자체가 싫은 아이들에게는 아무 의미가 없다. 하나님을 사랑하고 자녀들을 위해 하나님을 위해 기도하는 것은 공부에 대한 열정과도 같다. 하나님을 사랑하는 자는 지식들이 그들에게 양약이 되지만, 하나님을 사랑하기도 전에 이런 신앙 교육의 압박을 깊게 느낀 아이들은 이런 교육이 악영향을 불러일으킬 수도 있게 된다.

티네커는 인생의 고난의 순간을 겪으며 고난 가운데 시편으로 찬양하게 하시는 하나님의 은혜를 고백했다. 시편 25편의 시인은 하나님께 갈 길을 보여 달라 구하며 하나님을 찬양한다. 의심과 회의 속에 하나님을 구하는 것이 아니다. 하나님의 사랑 속에 확신하며 나의 길을 인도하실 하나님에 대한 기대 가운데 삶을 살아가는 것이다. 이 기대는 언제나 희망찬 감정과 함께 가는 것이 아니다. 우울의 깊은 늪 속에서도, 상실의 형언할 수 없는 고통 속에서도 이 확신이라는 작은 촛불은 어두운 마음 한구석을 계속해서 비추어 왔다.

5. 위로받는 자, 그리고 위로하는 자

남편의 사망은 티네커에게 큰 슬픔이었다. 티네커를 이해하지 못하는 교회 성도들은 그런 티네커에게 큰 위로가 되지 않았다. 티네커를 위로해 주는 사람들이 곁에 있기는 했어도, 교회 성도들은 아무 일도 없었다는 듯이 티네커를 맞이했다.

"집에 잘 가요, 티네커."

"…그래…"

예배당에서 사람들이 티네커에게 집에 잘 가라는 말은 티네커에게 상처로 다가왔다. 집에는 더 이상 남편이 없었기 때문이다. 티네커는 집에 도착해서 종종 집 밖의 숲에서 산책을 했다. 교회에서 그 말을 듣고 분이 풀리지 않았기 때문이다. 티네커는 산책을 하면서 자신이 왜 화가 났는지, 성도들이 집에 잘 가라는 말이 왜 아픔으로 다가오는지 곰곰이 생각했다.

"설교를 통해 마음의 쓴 뿌리에 대해 듣고 스스로 마음의 쓴 뿌리를 찾았단다. 나는 그걸 놓아 버리기로 결심했어."

티네커는 사람들에 대한 부정적인 자신의 반응이 사탄으로부터 온 나쁜 생각임을 깨달았다.

"나는 주일이 되면 스스로에게 물어보기 시작했단다. '티네커, 너 누구를 집에 초대했니?' 내가 스스로 아무 대답을 할 수 없으면 '그렇다면 너는 외롭게 주일 오후에 혼자 있을 수밖에 없어.'라고 대답했어. 그렇게 계속 있을 수 없어서 용기를 냈어. 불평만 하고 있지 않고 사람들을 집에 초대하기 시작했지."

네덜란드 해방파 성도들은 우리처럼 자주 만나 식당에서 밥을 먹거나 교제하는 것을 그리 즐겨하지 않는다. 네덜란드 사람들은 이유가 없으면 굳이 만날 이유가 없고, 교회에서 같이 예배를 드리는 관계의 친밀감 수준으로 만족하며 살아간다.

티네커가 매주 사람들을 집으로 초대하는 것은 이런 의미에서 자신이 속한 교단의 문화적 편견을 깨는 행동이라 생각할 수 있다[*]. 적어도 이런 행동은 네덜란드 해방파 성도들에게 쉽지 않은 일이며, 사람들과

---

[*] 네덜란드의 칼뱅주의자들은 다른 네덜란드인들에게 '삶의 즐거움이 전혀 없이 웃지 않고 살아가는 사람'이라고 인식된다. 이 표현은 네덜란드 이민자들이 네덜란드 문화와 언어를 공부하는 주요 교재에 실린 표현이다. 교회 밖에서 '칼뱅주의자'라는 말은 실제 사용하기가 어려울 정도로 조롱받는 단어가 되어 있다.

어울려 소소한 대화를 하는 것을 좋아하지 않는 티네커에게는 더더욱 어려운 일이었다.

> "예배가 끝나면, 나는 사람들에게 우리 집에서 커피 한잔을 하자고 이야기했단다. 생각 외로 사람들은 다들 좋게 생각을 해주었고 기꺼이 집으로 와주었어."

티네커는 빌럼과 함께 있을 때도 다른 사람들과 함께 식당에서 무언가 먹는 것을 그다지 즐기지 않았다. 그러나 하템으로 이사한 후 티네커는 마음도 열고 집 문도 함께 열었다. 이러한 시도는 티네커의 인생에서 아주 의미 있는 시도였다.

2001년 미국의 9·11테러가 터지고 나서 이슬람 지역에서 내전들이 많이 발발했다. 이때 내전을 피해 유럽을 찾은 중동과 아프리카의 난민들이 상당히 많다. 이들은 네덜란드에 들어와 국가의 관리를 받게 되는데, 자신들의 의사와 관계없이 네덜란드 지역에 있는 '난민 대기자 보호소'에 들어가 거주하게 된다. 이들은 짧으면 6개월, 길면 2년 동안 이민국에 의해 철저하게 난민 심사를 받는다. 이민국이 난민으로 인정을 할 수 없다고 이야기하면, 이 사람은 즉시 난민 대기자 자격을 박탈당하고 불법 체류자로 전락하게 된다. 난민으로 인정이 되면, 영구적으로 네덜란드에 거주할 수 있는 자격이 주어진다. 그리고 난민 심사에 통과를 하자마자 사회 통합 프로그램에 바로 참여하게 된다.[*]

---

[*] 난민 대기자는 주당 일정한 금액의 보조금을 받고 자원봉사자로만 일을 할 수 있다. 그리고 자신만

난민으로 인정받은 사람들은 빠른 사회 통합을 위해 시 당국과 긴밀히 협력하는 자원봉사자들의 도움을 받는다. 티네커도 네덜란드어를 외국인들에게 가르치는 자원봉사자로 등록을 하고 이들을 돕기 시작했다. 그러나 이런 일은 해방파 성도들에게 그리 익숙한 모습이 아닐 수 있다. 성도들은 네덜란드가 더 많은 난민을 받아야 한다고 이야기하지만, 교회에서 난민들을 찾아보기는 어렵다.

"해방파 성도들이 하나 알아야 할 것이 있는데, '사랑은 두려움을 쫓는다'라는 것이야. 두려움은 항상 마음속에 있지만 진짜 사랑은 마음속의 두려움을 이기지. 네덜란드 사람이 말도 잘 통하지 않는 외국인들을 볼 때 어느 정도 두려움을 가지는 건 사실이란다. 그 사람이 누구인지 모르기 때문이지. 말이 통한다면 두려움을 많이 덜 수 있겠지만 말이야. 하지만 우리는 예수님의 사랑을 받고 그 사랑으로 살아가는 사람들이야. 이 사랑에는 두려움이 없지. 나도 다른 종교를 가진 이웃을 보면 무서운 마음이 없지 않지만, 하나님이 주신 그 사랑으로 이런 일들을 해나가는 거란다."

이전에 언급했던 아브라함이라는 사람은 중국의 위구르족 출신이

의 방을 한 칸 받기 때문에 적어도 최소한의 삶의 안정성은 가지고 갈 수 있다. 그러나 난민 심사에서 탈락할 경우 문제가 복잡해진다. 불법 체류자로서의 삶으로 남거나, 재판을 통해 다시 한번 재심 신청을 해야만 한다. 난민으로 받아들여진 사람에게는 아주 큰 혜택들이 주어진다. 지역에 따라 조금 다르지만 그들은 꽤나 괜찮은 자가 주택을 국가로부터 불하받게 된다. 티네커가 거주하고 있는 하템시 당국은 앞뒤 정원이 있는 3층 규모의 단독 주택을 제공한다. 티네커를 비롯한 하템 주민들의 평균적인 주거 형태가 이러하다.

다. 신장 위구르 지역에는 전통적으로 이슬람 종교가 강세를 보이고 있다. 이슬람은 자신들만의 종교법과 아랍어라는 언어를 바탕으로 특수한 공동체 의식을 가지고 있고, 여타 국가에 종속되기보다는 자신들의 나라를 가지고 싶어 한다. 그러나 중국은 '하나의 중국'을 주창하며, 종교와 인종에 따라 중국이 분리되길 원치 않아 한다.

중국은 신장 위구르 지역을 지속적으로 자신들의 영향권 안에 두기 위해 무슬림들에 대한 사상 교육을 진행한다고 한다. 아브라함의 형도 소리 소문 없이 실종되어 2년간 '세뇌 교육'을 받고 이상한 사람이 되어 집으로 돌아왔다고 한다. 아브라함은 그런 곳에 살 수가 없었다.

아브라함은 네덜란드에 입국해서 난민 신청을 했고, 난민으로 받아들여졌다. 티네커는 그에게 성경과 네덜란드어를 가르쳤고, 교회에 초대도 했다. 하지만 아브라함은 기독교로 개종하지는 않았다. 기독교인이 아니지만 티네커의 아브라함에 대한 사랑에는 겁이 없었다.

"아브라함의 아버지가 돌아가셨어. 그 친구는 중국으로 돌아갈 수가 없는 형편이었지. 난민이긴 하지만 아브라함은 아버지를 무척 사랑했어. 그런 아버지가 돌아가신 거야. 아브라함은 설움이 북받쳐 울부짖었단다. 아브라함의 아버지가 네덜란드에 방문했을 때 나도 그 아버지를 만나 함께 즐거운 시간을 보내기도 했었거든."

"아버지의 마지막을 지키지 못한 데에서 오는 슬픔은 하루 이틀 안에 멈춰지지 않았어. 아브라함은 아들로서 아버지의 임종을 지키고 장례

를 치러야 하는 도리를 하지 못해 많이 슬퍼했어. 무려 한 달 동안 아
버지를 기리는 옷을 입고 지냈지. 마음이 너무 아팠던 거야. 내가 그
의 집에 갔을 때 서로 어깨를 붙들고 울기도 했단다. 나는 할 수 있는
것이 없었고, 아브라함은 부디 내게 울게 해달라고 이야기했지."

아브라함은 여타 이방인과 같이 네덜란드에서 생활이 그리 쉽지 않
았다. 네덜란드인들은 대체로 신사적이지만 네덜란드인이라는 자부심
이 강하다. 말은 직설적이고, 따지지 않으면 자신들의 생각을 별생각
없이 관철시키는 경우가 많다.

월드컵 스타였던 박지성도 네덜란드에서 1년간 축구 팬들에게 큰
야유를 받아 가며 근근이 버텼다. 박지성은 그 시기를 아주 괴로웠던
시기로 기억하고 있다. 축구 선수가 1년 동안 활약이 없었다고 해도 홀
로 타국에 온 선수에게 그런 무안을 주는 문화는 우리나라에서는 찾기
가 어렵다.

이런 나라에서 아브라함은 이슬람 신도로서 바이블 벨트라고 불리
는 하템에 정착했다. 마음 둘 곳 없는 아브라함에게 티네커는 '엄마' 그
이상의 역할을 해주었다. 아버지가 돌아가신 슬픔을 나눌 사람이 없었
던 아브라함 곁에는 티네커가 있었다. 태중의 아이와 남편을 잃어 본
티네커는 아브라함의 마음을 만져 줄 수 있었다.

"나는 아브라함에게 일단 조용히 같이 앉자고 말했단다. 울지 말고 그
슬픔을 이야기해 달라고 했지. 그랬더니 조금 침착해지더라고. 나는

그에게 '내가 너를 위해 기도해 줘도 되겠니?'라고 물었어. 아브라함은 기도해 달라고 하더라고. 그래서 나는 이렇게 기도했단다. 아브라함의 아내와 아이들도 손을 잡고 기도했지."

"하나님 우리는 여기 함께 앉았습니다. 하나님께서는 슬픈 마음을 아십니다. 그리고 도움이 필요함도 아십니다. 하나님, 저희를 도와주시겠습니까? 아브라함의 어머니도 위로해 주옵소서."

티네커가 마음을 열어 교회에 도움을 청한 것같이, 티네커는 아브라함을 위해서도 교회의 문을 두드렸다. 목사님은 슬퍼하는 아브라함을 위해 기꺼이 기도해 주셨다. 그리고 예배를 드릴 때 그를 위해 기도하겠다는 약속도 했다.

"나는 정말 큰 카드 하나를 샀어. 그리고 사람들에게 사인을 다 해달라고 부탁했지. 그건 사람들이 교회에서 아브라함을 위해 하나님께 기도했다는 증명서와 같았어. 그리고 나는 아브라함의 문화를 존중해 머리에 수건을 덮고서 그 집에 갔단다. 나도 같이 슬퍼한다는 표현이었어."

아브라함은 지금도 티네커와 일주일에 한 번씩 만나고 있다. 티네커와 아브라함의 사제 관계는 하렘 지역 신문에서도 다룰 정도로 사람들에게 미담으로 잘 알려져 있다. 종교는 다르지만 두려움 없는 그리스도의 사랑이 맺은 열매라 할 수 있다.

티네커는 학생들이 그리스도께 돌아오는 것을 바라지만, 무례하게 전도하지 않는다. 대신에 학생과 아주 긴 관계를 맺으며 언어를 가르치고 아이들이 읽는 성경을 가지고서 하나님이 우리 인간을 만드시고 구원하시는 '사랑의 여정'에 대해 알린다. 그리고 이들이 홀로 눈물 흘릴 때 그 옆을 지켜 주었다. 주일 뜨개질을 하는 여인을 바라보며 저 사람은 구원이 없다고 생각하던 어린 티네커와는 완전히 다른 티네커가 된 것이다.

제4부

인생 이야기를
마무리하며

인생 이야기를 마무리하며

"외로움의 감정이 떠나가질 않아 계속해서 기도해야 했단다. 내가 믿을 분은 오직 하나님뿐이었어. 하나님은 과부에게 특별한 것을 주시는 분이셔. 내가 과부이니까 나는 하나님께 '하나님, 도와주세요. 나의 눈과 마음을 지켜 주세요. 성경을 읽게 하시고, 시편으로 찬송하게 하시고, 하나님을 찬양하며 기쁨으로 기도하게 해주세요.'라고 더 기도했단다. 이것이 내 삶의 근본이라고 할 수 있을 것 같아."

"하나님께서는 나를 항상 도와주신다고 생각해. 문제가 지나가고 나면 이야기할 수 있는 부분이지. 나는 지금 남편의 작업물을 정리하는 아카이브(archive)를 만들고 있단다. 하나님을 믿는 믿음에서 이탈한 사람이 그 작업을 도와주고 있지. 나의 이야기를 듣고자 인터뷰하는 언론들도 있어. 빌럼이 살아 있을 때, 빌럼에게는 흔히 일어나던 일이었단다. 하나님에 관하여, 그리고 믿음에 관하여 이야기하는 것들 말이야. 이제는 내가 그런 일을 하고 있구나."

"스스로 의심할 때가 많단다. 내가 혼자 모든 것을 다 해낼 수 있을까? 세금 업무, 집 관리, 컴퓨터 작업 등 빌럼이 하던 일들을 할 생각을 하면 까마득해질 때도 있었지. 무서웠어. 빌럼이 작업을 하던 2층에는 빌럼이 세상을 떠난 지 거의 1년 동안 올라가 방문을 열어 보지도 못했어. 도무지 빌럼이 있던 공간을 볼 수가 없더라고. 자녀들도 나를 도와줄 수 없었지. 빌럼은 항상 이야기했어. '시간이 되면 도움의 손길도 와요'. 그래서 나는 기도했지. '하나님 도와주세요.'라고…."

"그렇게 완전히 혼자가 되고 나서 나는 나만의 공간을 얻게 되었단다. 무엇인가를 혼자 할 수 있는 그런 자리가 생긴 거야. 지금은 이전만큼 두렵지 않더라고. 나는 빌럼을 기억하고 그의 생각을 회상하면서 적극적으로 빌럼에 대한 일들을 정리하고 있단다. 1년 이후 나는 다시 방으로 들어가 모든 것을 열어 보고 정리했어."

"나는 스스로 서고자 했단다. 하나님께 힘을 구하고 하나님께 의존하면서 스스로 먹고 스스로 살아가려 했지. 지금 나는 마실 물이 있고, 빵이 있고, 따뜻함도 있단다. 내 몸을 숨길 수 있는 지붕도 있고, 소속된 교회도 있고, 이웃도 있어서 아주 감사해. 전기도 있고, 어둠 속에 빛도 있고, 입을 옷도 있고, 자전거도 자동차도 있지. 좋은 친구들도 있고 말이야. 이전에는 종이에 삶의 긍정적인 것과 부정적인 것을 나란히 적었는데, 이제는 감사한 일이 더 많은 것을 볼 수 있더구나."

"다섯 명의 아이들이 독립하고 나서 나는 다른 다섯 명의 아이들을 마음에 품었단다. '경제적 입양'이라는 것을 했거든. 가난한 나라의 아이들이 잘 성장해 직업을 갖고 생계를 책임질 수 있는 교육을 받도록 일정 금액을 후원하는 거야. 어떤 아이들은 성인이 되어 자립도 했지. 나는 아이들을 직접 고르지 않고 단체(Red een Kind)에서 정해 주는 아이들을 후원했단다. 그리고 내가 죽을 때까지 이 일이 지속될 수 있도록 유언을 문서로 남겨 두었지. 동유럽에 사는 한 명의 가난한 과부도 돕고 있는데, 그 과부가 세상을 떠나면 새로운 과부를 후원하게 된단다."

"하나님은 특별한 도움을 나 같은 과부와 고아에게 주신단다. 다행히 나는 자녀들에게 의존하지 않고 살아. 빚도 없고, 잘 지내는 편이지. 이렇게 하나님의 은혜를 받는데 '무엇을 더 살까?', '옷을 살까?', '더 맛있는 것을 먹을까?' 이런 생각을 하고 싶지는 않아. 내가 가진 것에 감사해. 새로운 가구를 사고 집을 더 꾸밀 수도 있겠지만 나는 그런 일에 흥미가 없단다. 가난하게 사는 사람들의 삶을 보면 아주 참혹함을 느끼거든. 먹을 것과 마실 것이 없는 사람들도 있고, 물이 없는 사람들도 있어. 이런 가난한 사람들을 돕고자 하는 건 개신교와 가톨릭 구분할 것 없이 네덜란드에서 많이 하는 일들이란다."

"우리 해방파 교회를 생각해 보면, 우리는 더 이상 이전과 같은 교회라고 생각하지 못할 정도로 많이 달라졌단다. 세상도 아버지가 돌아가신 1951년과 비교해서 완전히 다르게 바뀌었지. 빌럼이 지금의 해방파 교회를 볼 때 과연 어떻게 교회가 흘러가고 있는지 이해할까 싶은 생각도 해봐."

"모든 새로운 기술들이 세상을 다르게 만들었단다. 우리는 이제 더 이상 고립되어 있지 않아. 우리 학교는 다른 생각을 하는 다른 교단의 사람들을 향해서도 열려 있고, 다른 사람들도 우리의 활동에 참여할 공간을 받았지. 우리의 정치도, 우리의 정당도 이제 우리만을 위한 일이 아닌 모두를 위한 활동으로 바뀌었단다."

"가족 구성, 먹는 것들도 달라졌지. 우리는 지금의 시대에 무엇이 중요한지를 생각한단다. 하나님과 함께하는 우리가 살아가는 이 시간에 우리의 것이 교회 밖의 있는 것들과 어떻게 발맞추어 갈 수 있을지를 고민하지. 어디로 교회가 나아가야 할지, 다른 사람들로부터 무엇을 배울지 그런 것들을 많이 생각해. 교회는 항상 이런 것들을 생각해야 한다고 보고 있단다. 교회가 항상 똑같은 모습을 지켜 나가야 한다는 것은 그리 좋은 생각은 아니라고 생각해. 개혁 교회는 '항상 개혁하는' 교회이고 발전해야 하기 때문이야. 우리는 지금 살고 있는 시대의 믿음의 증인이 되어야 해. 현재의 옷을 입고 예수 그리스도를 이야기해야 한단다."

"바울이 아레오바고에서 사람들에게 질문을 했을 때, 바울은 언어와 문화에 열려 있었지. 바울은 그 문화 속에서 자신이 침투할 수 있는 공간을 찾았고. 우리도 바울처럼 그런 용기가 필요하단다. 그 사회에 복음을 가지고 가기 위해 우리도 그런 노력을 해야 하지. 바울은 교회들에게 전하는 편지에서 항상 같은 말을 하지 않았어. 그 상황에서 하나님의 말씀을 전했지.”

“나는 교회를 이스라엘이 광야에 있을 때와 비교하며 생각한단다. 가나안으로 걸어가는 길에서 사람들이 죽고 또 태어나지. 어떤 사람은 아기이고 어떤 사람은 노인이야. 누군가는 대열에 맞춰 잘 걸을 수 있고 누군가는 같이 가기가 어렵지. 그런데 이런 상황에서 모두가 같이 걸어갈 수 있는 방법을 생각해야 해. 같이 자라가야 해. 그래서 교회가 바뀌는 것도 천천히 이루어져야 하고, 모두가 함께할 수 있는 적절한 ‘템포’를 찾아야 한단다.”

“남편이 죽고 나서 거울을 봤어. 그리고 물어봤지. ‘너는 누구냐?’ ‘혼자인 너는 대체 누구냐?’라고 물었어. ‘너는 혼자 어떻게 잘 거니?’라고 질문을 했지. 그때 나는 한국 학생들을 가르치느라 바빴어. 나는 거울을 보면서 사람들을 도와주되 특별히 어려움을 겪는 사람을 도와주어야겠다고 생각했어.”

“남편이 세상을 떠나기 5년 전에 언어 교사가 되어 달라는 요청을 받았단다. 언어 교사가 되고 몇 년 후 은퇴해서 받는 연금으로 생활은 무리 없이 지탱할 수 있었지. 그래서 무서웠지만 나는 무슬림의 친구가

알바니아의 한 고아원에 방문하여 봉사하고 있는 티네커.
아이는 티네커를 아주 꽉 안았다고 한다

되었고, 지금도 그들을 돕고 있어. 아무 문제가 없지. 그들에게도 내 믿음에 대해서 이야기하고 있단다."

"나는 자기 삶을 계속해서 뒤돌아보는 것은 지혜롭지 못하다고 생각해. 나는 지금을 살고 있고 미래를 위해 살고 있으니까. 내 삶의 행선지는 이미 정해져 있잖아. 예수님께서 나를 고르셨고, 그리스도인의 삶의 경로에 나를 넣어 주셨어. 내 부모님도 거기에 한 역할을 하셨고."

"나는 남편을 만난 이후에 삶의 경로가 몇 개 더 추가되었단다. 하나님과 함께하는 삶, 아내가 된 삶, 엄마가 된 삶, 기독교의 관점에서 미술을 알리는 삶이 되었고, 남편과 함께 성장해 아주 특별한 삶을 살게 되었지. 우리 오빠와 언니들은 우리가 한 집안에서 태어났는데 어쩜 이렇게 다른 삶을 살 수 있을까 하는 생각이 들기도 한다는구나."

"나는 빌럼이 죽고 나서 미술과 관련된 일을 더 이상 적극적으로 하지 않기로 결정했단다. 오롯이 나만 할 수 있는 일에 대해서 생각해 보기로 했지. 내가 잘하는 일은 누군가에게 이야기하는 일이었어. 사람들은 내가 하는 이야기를 듣고 잘 이해했거든. 아이들도 마찬가지이고. 또 누군가의 이야기를 들어 주는 것도 내가 아주 잘하는 일이었단다. 아주 어린 4살 소녀일 때부터 나는 교사가 하고 싶었고, 교사의 삶은 내게 큰 기쁨을 주었지. 그래서 지금 나는 무슬림들에게 하나님을 이야기하고, 한국 학생들을 가르치고, 그들을 위해 기도하고 있단다. 나만의 열매가 맺히고 있는 셈이지. 그래도 과거를 돌아본다면, 내 삶은 결코 단순하지 않았다고 말할 수 있을 것 같아.* 은혜가 없었다면 그다지 살고 싶지 않은 삶이었어."

"나는 죄인이기에 십자가의 은혜로 살아간단다. 나는 하나님께 지난 일을 용서해 달라고 기도해. 과거로 다시 돌아가서 살 수 있다고 해도 더 잘할 수 없을 것 같아. 나는 다시 나의 삶을 살고 싶지 않단다."

"그래도 나는 해방파 교회의 성도가 된 것이 정말 좋단다. 진심으로. 해방파가 이야기하는 '성경이 하나님의 말씀'이라는 것을 믿어. 이것이 내 삶의 동기이자 뿌리란다. 믿음의 사람들이 주변에 있어서 신앙의 고민들을 더 안전하게 해결해 갈 수 있던 것도 좋은 점이었어. 삶의 문제가 있다 하더라도 성경에서 그 답을 찾고, 주위 사람들에게 물어보기도 하면서 말이야. 어릴 적에는 내 속에 있는 깊은 질문들을 엄마나 다른 누구에게 이야기하기가 어려웠어. 그래서 아버지에게 간절하게 물어보고 싶었단다."

"음 … 내가 무슨 일을 했던 사람이었는지 요약해 보자면, 나는 '이야기하는 사람'이었던 것 같아. 아이들에게 성경을 말하는 것이 아주 좋았거든. 책상과 의자에 앉아서 아이들과 성경 이야기를 하고, 같이 차

---

* 티네커의 삶은 어려웠다고 사료되지만, 티네커는 더 힘든 사람들을 생각하며 자신의 삶이 괴로웠다고 이야기하길 극구 부정한다.

도 한잔 마시고서 시편을 불렀던 그때가 정말 행복했단다. 그리고 개혁파 선생님 클럽에서 가장 어린 내가 책을 낭독한 적도 있었는데, 선생님들이 아주 좋아하셨어. 교회에서 사람들 앞에 나가 성경을 낭독하는 것도 참 좋았단다. 그리고 가끔 누군가가 촬영해 간 내 수업 영상을 보면서 깜짝 놀라곤 하는데, 그때 비언어적 표현인 손짓과 표정이 정말 좋았단다."

"우리 교회에서 새로운 교회당을 건축할 때 문제가 좀 있었단다. 돈이 많이 드는 일이어서 그랬는지, 사람들은 종종 언성을 높이며 말싸움을 했어. 나는 그때 사람들 앞에서 교회의 25년사에 대해 아이들이 사용하는 쉬운 언어로 이야기했는데, 이내 사람들의 마음이 풀렸고 건축할 때 아주 즐겁고 복되게 일이 진행되었단다."

"마지막으로 내 인생의 네 가지 가장 좋은 것이 있었다면,
첫째는 하나님 아버지가 내 아버지이신 것이고,
둘째는 남편이 나를 사랑했다는 것이고,
셋째는 내가 엄마가 된 것이고,
넷째는 내가 우리 아버지를 사랑하는 것이란다."

"나는 빌럼이 소천하고 나서 수년간, 돌아가신 아버지를 부르면서 답을 하지도 않는 아버지께 이런저런 말씀을 드렸란다. 남편과 자녀들이 다 떠나고 나서 아버지를 향한 그리움이 더 커지더라고. 아버지의

무릎 위에 앉아 모든 것을 이야기하고 싶었지. 아무튼, 나는 남편을 처음 만났을 때와 갓난아이가 내 팔에 처음 안겼을 때의 그 기쁨이 내 인생에서 결코 잊을 수 없는 행복이었단다. 우리 이쯤에서 이야기를 마무리하는 게 어떨까?"

에필로그

네덜란드 개혁파 교회의 특징이라고 하면 하이델베르크 요리문답, 삶의 원칙대로 살아가는 삶, 가정 예배, 기독교 교육 등이 있을 것이다. 한국에서도 이런 것들이 좋은 기독교 문화로서 널리 실천될수록 교회에 유익이 될 것이라고 생각한다.

그러나 현재 그런 문화를 잘 실천해 가고 있는 네덜란드의 개혁파 교회의 장래가 그리 밝지만은 않다. 개혁파의 전통적인 신앙생활 방식은 빠른 속도로 무너지고 있으며, 젊은 층들이 교회를 이탈하는 속도 또한 상당히 빠르다. 수많은 네덜란드 개혁파 내 가정들이 이혼 등으로 고통스럽게 무너지고 있다. 사회 분위기가 달라져, 세속적 질서와 다른 성경적 질서를 가정 내에서 비판적으로 가르치기도 쉽지 않은 현실이 되었다.

우리나라도 현재 네덜란드와 비슷한 사회적 변화를 경험하고 있다. 사회의 윤리는 점점 사라져 가고, 하나님에 대한 최소한의 경외심도 사회에서 이미 사라져 버린 지 오래다. 기독교 신앙으로 공적인 영역에서 독특한 자리를 지키는 사람들은 점점 자취를 감추어 가고 있고, 지성적인 사람들은 일상에서 개혁파 특유의 맛을 내기보다 '교회에서만 좋은 개혁 교인'이 되길 노력하고 있는 것 같기도 하다. 자녀가 교회를 떠나는 속도는 개인적인 체감상 한국의 주요 장로교회들이라 할 수 있는 개혁주의 교회가 더 빠른 것 같다.

그러나 네덜란드에 기독교 학교가 없었다면, 세속의 강한 물결에 지금과 같은 모습으로라도 교회를 지키기가 어려웠을 것이다. 세계에서 가장 표현이 자유로운 나라 중 하나인 네덜란드는, 또한 역설적으로 세계에서 가장 신앙을 지키기 어려운 유혹이 많은 나라인 것 같기도 하다. 그런 신앙을 지키기 어려운 곳에서 티네커가 강조하는 것은 바로 자녀들이 보는 앞에서 하나님과 기도로 교제하는 것이고, 무엇보다 하나님과 자녀를 사랑하는 것이다. 머리로 배우는 교리도 개혁파의 귀한 유산이지만, 자녀들이 보는 앞에서 진실되게 무릎 꿇어 하나님과 사랑으로 교제하는 경건 생활의 문화도 네덜란드의 개혁파 문화로서 기억되어야만 할 것이다.

티네커는 아버지, 남편, 그리고 자신의 아이가 죽는 것을 모두 경험했다. 아버지 없이, 남편 없이, 그리고 자신의 손으로 자녀를 낙태할 수밖에 없었던 괴로움의 시간들을 보냈다. 게다가 자신의 건강도 온전치 않고 남편의 건강도 좋지 않았다. 더군다나 어린 시절을 상당히 가난하게 지내는 바람에 학창 시절에는 수학여행도 가지 못했고, 1년에 한 번 있는 전국의 개혁파 학생들이 캄펀에 모이는 '학교의 날(Schooldag)' 행사에도 참여하지 못했다. 신앙의 눈을 제거하고 인간적인 눈으로 보았을 때, 티네커의 삶은 전혀 아름답지 않다.

그러나 신앙의 눈으로 바라본 티네커의 삶은 항상 하나님과의 만남과 씨름, 그리고 하나님께서 주시는 용서와 사랑으로 채워져 있다. 티네커의 남편 빌럼은 하나님과의 사랑에 닻을 깊게 내리고 미술의 영역에서 신앙의 투쟁을 담대하게 벌여 나갔다. 개인적으로 필자는 이 티네커를 만나고서 하나님을 자유롭게 사랑하는 것을 누리며 살게 되었다.

어떤 이들은 사람들을 바른 교리로만 가르치면 그들이 자연스럽게 변할 것이라고 생각한다. 바른 교리가 사람들을 옳은 자리로 인도하리라고 생각한다. 물론 신앙적인 감정을 벗어나 교리적 원칙으로 돌아가야 한다는 주장도 결코 무시할 수는 없다. 그러나 티네커는 우리가 다 이해할 수 없는 삶 속에서 하나님과 끝까지 씨름하며 믿음과 사랑과 소망으로 그 어려운 삶을 담담히 헤쳐 나가면서 자유롭게 하나님을 사랑하며 사는 것이 그러한 주장들보다 더욱 중요하다고 말한다.

우리 한국의 개혁주의 신앙을 추구하는 교회의 성도 선배들도 하나님을 뜨겁게 사랑했고, 새벽마다 하나님과 교제하며 간구하는 모습으로 성도들을 가르쳤다. 우리 부모님들도 각종 예배 때 아이들을 곁에 앉혀 두고 하나님을 찬양하며 기도하는 모습으로 하나님을 믿는 자연스러운 모습을 보여 주었다. 분명 그런 것들은 앞으로 다가올 수 있는 어려운 시대 가운데 우리의 신앙을 붙들어 줄 고귀한 자산이 될 것이다.

글을 읽는 독자분들도 각자 느끼는 바가 여러 가지 있겠지만, 응답하시지 않을 때라도 항상 곁에 계시며, 죄책의 고통 가운데 해방을 주시고, 고난의 시간 전에 특별히 우리를 준비시키시는 하나님의 은혜의 감동을 조금이라도 느껴 보길 바란다. 또한 평범한 한 네덜란드 개혁파 성도의 삶을 보면서, 그리스도 안에서 한 형제자매로 귀한 영적 교류와

지혜의 교류가 있었기를 기대한다. 유학 생활에 큰 도움을 주고 있는 아내와 가족, 어려운 이야기를 꺼내준 나의 스승이자 친구 티네커 메이어, 지도교수 조지 하링크(George Harinck), 캄펀의 좋은 선배인 이충만 목사님 및 동료 유학생들, 이임 씨, 후원자 여러분께 감사를 표하며 글을 마무리 한다.

캄펀을 향해 달리는
네덜란드의 스프린터 기차 안에서

김정기